L'art de l'Intelligence Artificielle

AURORA AMORIS

L'ART DE L'INTELLIGENCE ARTIFICIELLE

Nouvelles Frontières de la Créativité

2025

L'art de l'Intelligence Artificielle

Aurora Amoris

CONTENU

CHAPITRE 1

L'intersection de l'intelligence artificielle et de l'art

1.1. L'évolution de l'art avec l'intelligence artificielle

L'intelligence artificielle s'est imposée comme une force transformatrice au sein du monde innovant, redéfinissant les frontières de l'expression créative. Historiquement, l'art a évolué en réponse aux changements sociétaux, aux avancées technologiques et à l'expérience humaine elle-même. De l'art rupestre préhistorique aux chefs-d'œuvre de la Renaissance en passant par les œuvres abstraites modernes, l'art s'est constamment adapté aux nouveaux cerveaux et équipements. Aujourd'hui, l'IA représente la frontière la plus avancée de cette évolution continue, transformant profondément la manière dont l'art est créé, perçu et valorisé.

L'intégration de l'IA dans la démarche créative n'est pas seulement une avancée technologique, mais aussi un changement philosophique dans notre conception de la créativité. Initialement, l'IA était utilisée comme un outil d'aide aux artistes, proposant de nouvelles méthodes pour accélérer les tâches modernes ou pour soutenir les aspects techniques de la création artistique. Cependant, avec le développement technologique, l'IA a commencé à jouer un rôle plus important, non seulement comme assistante, mais aussi comme collaboratrice active. Grâce à l'apprentissage automatique et aux réseaux neuronaux profonds, l'IA peut désormais générer des œuvres d'art authentiques, remettant en question la croyance traditionnelle selon laquelle la créativité est une activité exclusivement humaine.

Les premières explorations de l'IA en art étaient expérimentales, les artistes utilisant des algorithmes essentiels pour créer des motifs visibles ou contrôler des photographies offertes. Ces premières œuvres étaient souvent axées sur l'automatisation et l'utilisation de l'IA pour reproduire la culture de l'art créé par l'homme. Cependant, avec l'émergence de nouveaux systèmes d'IA, les possibilités créatives se sont multipliées. L'IA pourrait désormais être amenée à analyser d'énormes quantités d'informations, à les exploiter et à créer une nouvelle bureaucratie artistique, auparavant improbable. Cette nouvelle vague d'œuvres d'art générées par l'IA remet en question les notions traditionnelles de paternité, de propriété et de place de l'artiste dans le processus créatif.

L'un des aspects les plus marquants de l'évolution de l'IA dans le monde de l'art est sa capacité à brouiller les frontières entre créativité humaine et créativité numérique. Les artistes n'utilisent plus les machines pour exécuter un ordre complexe et rapide. Au contraire, les structures d'IA, alimentées par l'apprentissage profond, peuvent générer des résultats ingénieux et spécifiques à partir de modèles issus d'un large éventail de ressources. Cette évolution a donné naissance à des œuvres, des chansons, des œuvres littéraires et même des installations interactives générées par l'IA, qui soulèvent toutes des questions sur la nature de la créativité et le rôle de l'artiste.

L'amélioration des technologies d'IA, qui englobent les réseaux antagonistes génératifs (GAN), a joué un rôle essentiel dans cette évolution. Les GAN englobent les neurones Réseaux: l'un génère du contenu, l'autre l'analyse. Grâce à cette boucle de commentaires, les structures d'IA peuvent créer des œuvres de plus en plus complexes, repoussant les limites des formes artistiques traditionnelles. La capacité de l'IA à analyser les œuvres actuelles et à générer du nouveau contenu à partir de cette technologie remet en question l'idée selon laquelle l'œuvre d'art est une expression purement humaine des émotions, de l'expérience ou de l'histoire culturelle.

À mesure que l'IA s'adapte, son impact sur le monde de l'art ne fera probablement que s'accroître. Les artistes utilisent de plus en plus l'IA, non pas pour produire des œuvres, mais pour développer de nouvelles idées et adopter des normes contemporaines. Cette relation évolutive entre l'IA et l'art représente une faille majeure dans le monde de l'expression créative, en passe de façonner l'avenir de tous les domaines.

1.2. Artiste et machine: nouveaux modèles de créativité

La relation entre artistes et machines a longtemps été décrite à travers la technologie comme un outil de renforcement de l'expression créative humaine. Des premières caméras aux équipements virtuels du design moderne, les machines ont facilité le travail artistique de l'artiste, sans pour autant assumer pleinement le rôle d'écrivain. Avec l'avènement de l'intelligence artificielle, cette relation connaît une profonde transformation, car les machines non seulement assistent, mais co-créent également avec les artistes humains de manières totalement inédites.

Historiquement, la créativité a été considérée comme une caractéristique profondément humaine, liée aux émotions, à l'expérience et à l'instinct. L'artiste, fort de sa vision et de sa sensibilité, est devenu la force motrice de toute entreprise créative. Les machines ont été reléguées au rang d'appareils – des dispositifs mécaniques ou numériques qui concrétisaient la vision de l'artiste. Cependant, avec le développement de l'IA, cette dichotomie a commencé à s'estomper. Grâce à l'apprentissage profond et aux réseaux neuronaux, les machines ne pouvaient pas imiter parfaitement la créativité humaine, mais aussi créer des œuvres d'art inédites, souvent indépendamment de toute intervention humaine.

Le concept d'IA comme co-auteur au sein d'une approche innovante représente un changement de paradigme. Les artistes s'intéressent désormais à l'IA non plus comme un simple outil, mais comme un acteur actif dans la création artistique. Cette collaboration repose sur l'utilisation d'algorithmes capables d'analyser de grands ensembles de données, d'identifier des tendances et de générer des résultats totalement inédits. L'IA ne se limite pas à la reproduction ou à l'amélioration de la bureaucratie artistique existante; elle est capable de produire des œuvres spécifiques, dépassant parfois les formes traditionnelles d'art humain en termes de complexité et d'innovation.

L'un des principaux atouts de ce nouveau partenariat innovant est la démocratisation de l'art. Les systèmes et équipements basés sur l'IA simplifient la création d'œuvres d'art sophistiquées pour les personnes sans formation formelle. Ce qui était autrefois l'apanage d'une institution d'artistes sélectionnés et dotés de compétences spécialisées est désormais accessible à tous, avec la bonne génération et une idée. Les outils d'IA, comme ceux utilisés pour la création visuelle, la musique et l'écriture, permettent aux individus d'explorer leur créativité sans les obstacles traditionnels des statistiques numériques. Cette accessibilité élargit non seulement le cercle des créateurs potentiels, mais ouvre également un nouveau public aux possibilités de l'IA dans l'art.

Parallèlement, l'implication de l'IA dans la créativité soulève des questions importantes sur la paternité, l'originalité et la valeur des œuvres d'art. Lorsqu'une machine génère un tableau, un morceau de musique ou une histoire, à qui appartient l'œuvre ? L'IA est-elle l'artiste, ou l'humain qui l'a programmée ou en a fourni la contribution initiale ? Ces questions remettent en cause les principes traditionnels de propriété créative et le rôle de l'artiste. Certains affirment que le rôle de l'IA dans la création artistique diminue le taux de créativité humaine, tandis que d'autres soutiennent que la collaboration entre l'homme et la machine constitue une nouvelle frontière passionnante, qui complète les méthodes innovantes pour la réduire.

La nature même de la créativité est également en cours de redéfinition. L'art généré par l'IA remet régulièrement en question les critères esthétiques traditionnels, offrant de nouveaux espaces de travail et de nouvelles formes d'expression qui ne s'intègrent pas parfaitement aux modèles établis au fil des siècles de créativité humaine. Cela est évident dans l'utilisation de l'IA en peinture synthétique, où les réseaux neuronaux génèrent des images qui ne sont pas définies par les techniques traditionnelles ou le nombre de sujets. De même, le rôle de l'IA dans la composition musicale, où les algorithmes génèrent de nouvelles mélodies et harmonies, produit souvent des sons qui s'écartent des structures musicales traditionnelles.

En littérature, les textes générés par l'IA ouvrent une exploration captivante du récit et de la voix. Les structures d'IA, y compris les modèles de traitement du langage naturel, peuvent analyser d'importants volumes de texte et produire des portions spécifiques qui imitent le style d'auteurs reconnus ou explorent des possibilités narratives véritablement inédites. La capacité de l'IA à écrire des mémoires, des poèmes, voire des romans entiers, remet en question la notion de créativité littéraire et d'auteur. Les écrivains se tournent de plus en plus vers l'IA, non seulement pour les aider à écrire, mais aussi pour créer de nouveaux récits qui n'auraient pas pu émerger des techniques traditionnelles.

À mesure que l'IA s'adapte, la nature de la collaboration entre artiste et machine continuera probablement d'évoluer. Ce qui était autrefois un appareil passif devient désormais un co-auteur actif, et les frontières de la créativité humaine et machine continueront de se repousser. Si l'IA ne peut en aucun cas améliorer la profondeur de l'expérience ou de l'émotion humaine qui anime la créativité, il est clair qu'elle offre de nouvelles opportunités, approches et modèles de création innovante. Cette dynamique changeante entre artistes et machines représente non seulement un bond en avant technologique, mais aussi une réinvention du processus créatif lui-même, où l'art humain et la machine collaborent pour explorer de nouveaux territoires d'innovation.

1.3. Les limites technologiques de l'art

L'intersection entre technologie et art a toujours été un lieu d'inquiétude et d'innovation. Au fil des siècles, la technologie a façonné les outils et les stratégies à la disposition des artistes, leur permettant d'explorer de nouvelles dimensions de la créativité. De l'invention de l'appareil photo au développement des supports numériques, chaque avancée technologique a ouvert de nouvelles possibilités d'expression créative. Cependant, à mesure que la technologie s'adapte, les frontières de l'art lui-même sont profondément remises en question. Quelle est la place de la technologie dans la peinture et quelles limites impose-t-elle à la nature de l'expression créative ?

Historiquement, les limites de l'art ont souvent été définies par l'utilisation du matériel disponible. À ses débuts, les artistes étaient limités par leur médium – peinture, argile ou pierre. L'avènement de la photographie au XIXe siècle a repoussé ces limites, offrant de nouvelles méthodes pour capturer et constituer la réalité. À l'ère du numérique, les artistes ont eu accès à un éventail de possibilités infiniment plus vaste, incluant l'imagerie numérique, la vidéo et la réalité virtuelle. Ces avancées technologiques ont permis une plus grande manipulation de la forme, de l'espace et du temps, ouvrant de nouvelles voies d'expression créative.

Cependant, si la technologie élargit les possibilités de l'art, elle introduit également des contraintes. La première limite technologique majeure à la création artistique réside dans la dépendance aux outils disponibles. L'art numérique nécessite un ordinateur ou un logiciel spécifique, tandis que l'art généré par l'IA nécessite l'accès à de vastes bases de données et à des algorithmes complexes. Ces outils, bien que puissants, ont leurs propres limites. Par exemple, un artiste numérique est souvent limité par les compétences de son logiciel et la puissance de traitement de son matériel. De même, l'art généré par l' IA, bien que capable de générer des designs complexes et complexes, est limité par les algorithmes qui le pilotent. Ces algorithmes s'appuient sur des statistiques de pointe pour générer de nouvelles œuvres, ce qui permet à l'IA de ne produire que des variantes de ce qu'elle a déjà expérimenté, limitant ainsi sa capacité à créer des concepts véritablement inédits.

De plus, la place de l'artiste dans cet environnement technologique poussé soulève des questions sur le dispositif créatif. Alors que l'IA intervient de plus en plus dans la production artistique, offre-t-elle la même profondeur émotionnelle, la même pertinence culturelle et la même originalité que les œuvres créées par l'homme ? Nombreux sont ceux qui affirment que la technologie, dans son état actuel, ne peut actualiser la nature intuitive et subjective de la créativité humaine. Si l'IA peut imiter des motifs ou produire des instantanés inédits, elle est dépourvue de l'expérience humaine qui imprègne l'art de sens. L'essence même de l'art, pour beaucoup, réside dans le lien émotionnel qu'il crée entre l'artiste et le spectateur. Les machines, qui fonctionnent sans émotions, peuvent-elles réellement créer des œuvres d'art qui résonnent avec la même profondeur que les œuvres créées par l'homme ?

De plus, l'avènement d'œuvres d'art de plus en plus complexes et complexes remet en question les notions traditionnelles de paternité et d'originalité. Les systèmes d'IA, par exemple, sont capables de créer des œuvres indépendamment de toute intervention humaine, ce qui soulève des questions cruciales quant à la propriété des droits sur ces œuvres. Si une IA génère une œuvre à partir des données saisies par d'innombrables artistes, l'appareil peut-il être considéré comme l'auteur ? Ou l'humain qui a programmé l'IA ou fourni les données est-il le véritable créateur ? Ces questions de paternité remettent en question des notions anciennes de créativité et le rôle de l'artiste dans la production artistique.

Une autre limite que la technologie impose à l'art est la question de l'accessibilité et de la démocratisation. Si les outils numériques et l'IA ont rendu la création artistique plus accessible à un plus large public, ils ont également engendré une forme d'élitisme de pointe. Le coût élevé des technologies avancées et des données nécessaires à leur fonctionnement a rendu difficile pour beaucoup la participation au processus créatif. Si tout le monde peut désormais créer des images virtuelles avec un téléphone, le niveau de sophistication et de créativité requis pour maîtriser les outils de l'art virtuel reste inaccessible à beaucoup. La technologie même qui était censée démocratiser l'art a peut-être créé de nouvelles barrières, limitant la diversité des voix et des points de vue au sein du réseau créatif.

De plus, à mesure que l'œuvre d'art est de plus en plus médiatisée par les modes de vie, la distinction entre œuvre d'art « authentique » et œuvre d'art « fabriquée à la main » s'estompe.

Avec l'avènement des œuvres d'art générées par l'IA, des deepfakes et des répliques virtuelles, il devient de plus en plus difficile de définir la frontière entre les peintures réelles et les œuvres créées par la technologie. Certains affirment que cette dilution de l'authenticité porte atteinte à la valeur de l'art, tandis que d'autres soutiennent qu'elle offre de nouvelles perspectives d'expression créative et d'engagement.

Parallèlement, la place du spectateur dans ce paysage technologique évolue. Traditionnellement, l'interaction du spectateur avec l'art se résume à une expérience personnelle, souvent émotionnelle. La nature tactile d'un tableau, le son d'une musique ou l'environnement d'une sculpture contribuent tous à l'interprétation des œuvres. À l'ère du numérique, cependant, une grande partie de l'interaction entre l'œuvre et le public est médiatisée par la technologie. La réalité virtuelle et la réalité augmentée ont donné naissance à des récits immersifs, permettant aux visiteurs d'interagir avec les œuvres selon des méthodes inédites. Si ces améliorations offrent de nouvelles dimensions d'interaction passionnantes, elles soulèvent également des questions sur la nature même de l'œuvre. Lorsque le public peut influencer ou contrôler l'œuvre en temps réel, l'œuvre conserve-t-elle son intégrité ingénieuse ou devient-elle une entité dynamique et en constante évolution ?

Les obstacles technologiques à l'art ne se limitent pas aux limites des outils dont dispose l'artiste, mais s'inscrivent aussi dans le contexte social et culturel plus large dans lequel l'œuvre est produite. La technologie influence non seulement la création artistique, mais aussi la manière dont elle est consommée et interprétée. L'essor des réseaux sociaux et des plateformes en ligne a profondément transformé la manière dont les œuvres sont partagées et appréciées. Les artistes ont désormais la possibilité de toucher un public international instantanément, mais cela a également déplacé l'accent du succès créatif vers la viralité. La pression pour offrir une œuvre d'art de qualité afin de capter l'attention dans un environnement numérique a modifié la dynamique de la production créative, privilégiant constamment l'immédiateté et la reconnaissance à l'intensité.

Les barrières technologiques de l'art évoluent constamment, les innovations offrant à la fois de nouvelles opportunités et de nouvelles exigences. Si la technologie a accéléré les possibilités d'expression artistique, elle a également soulevé des questions essentielles sur la personnalité de la créativité, l'authenticité et la paternité. Alors que les artistes continuent d'explorer les possibilités de l'IA, des outils numériques et des nouvelles technologies, ils devront surmonter ces obstacles et trouver des moyens d'équilibrer le pouvoir de la technologie avec l'essence humaine, qui a toujours été au cœur de l'art.

1.4. L'IA comme catalyseur de l'innovation artistique

L'introduction de l'intelligence artificielle (IA) a profondément transformé le paysage de l'innovation créative. Historiquement, la créativité était perçue comme une caractéristique humaine unique, une expression des émotions, du style de vie et du cerveau que les machines devaient imiter à merveille, mais jamais générer véritablement. Cependant, avec l'essor exponentiel des compétences cognitives et génératives de l'IA, cette hypothèse est de plus en plus remise en question. Loin de se contenter d'automatiser des tâches répétitives, l'IA joue désormais un rôle plus crucial et catalyseur dans l'élargissement des horizons de l'innovation créative: elle remodèle les processus, redéfinit l'esthétique et réinvente le sens de la création.

Au cœur de ce changement se trouve le passage d'outils statiques à des collaborateurs dynamiques. Les outils créatifs traditionnels – pinceaux, ciseaux, appareils photo, instruments de musique – servaient de prolongements passifs de l'intention de l'artiste. Par analyse, les systèmes basés sur l'IA peuvent générer des idées, suggérer des solutions, voire créer des œuvres complètes avec une intervention humaine minimale. Cette évolution fait de l'IA un acteur actif du système créatif, offrant une nouvelle forme de synergie entre l'artiste et les règles.

L'une des démonstrations les plus convaincantes de l'effet catalyseur de l'IA peut être observée dans le domaine des arts visuels. Les réseaux antagonistes génératifs (GAN), par exemple, ont permis la présentation d'œuvres d'art défiant les obstacles traditionnels. Des œuvres pionnières comme le « Portrait d'Edmond de Belamy » d'Obvious, entièrement généré par un GAN, ont été exposées et vendues aux enchères dans de prestigieuses institutions artistiques, dont Christie's, soulevant non seulement des questions de budget, mais aussi des questions cruciales sur la paternité, la créativité et la valeur artistique. Ici, l'IA n'a pas seulement contribué à la présentation des œuvres: c'est l'auteur qui a puisé dans une base de données de portraits classiques pour créer quelque chose de nouveau, mais étrangement familier.

Cette forme d'art pilotée par l'IA n'est pas toujours un produit dérivé. Elle fait preuve d'innovation en remixant des ensembles de données volumineux selon des méthodes que les humains n'auraient peut-être jamais imaginées. En s'entraînant sur des millions d'images, une IA peut combiner des motifs, juxtaposer des mouvements d'art historiques et inventer de nouveaux langages visuels. Des artistes comme Mario Klingemann et Refik Anadol exploitent ces talents pour innover dans ce que l'on pourrait appeler le surréalisme augmenté par les systèmes, repoussant les limites de l'abstraction, du mouvement et de la forme générative.

En musique, l'IA s'est imposée non seulement comme compositrice, mais aussi comme réinventrice du son. Des applications comme AIVA (Artificial Intelligence Virtual Artist) et MuseNet d'OpenAI permettent de composer des symphonies, du jazz ou des morceaux contemporains, en s'appuyant sur de vastes corpus musicaux datant de plusieurs siècles. Ces compositions ne se limitent pas à la réplication: elles peuvent innover grâce à des combinaisons inattendues de rythmes, de progressions d'accords et de timbres. Les musiciens communiquent désormais avec des algorithmes qui les poussent à penser différemment, à dépasser leurs gammes et tonalités habituelles.

De plus, l'IA comme catalyseur s'étend aux arts narratifs et littéraires. Les modèles de langage naturel, dont le GPT (Generative Pre-educated Transformer), ont permis l'avènement de la poésie, de la fiction, des scénarios et des études de narration interactive. La littérature générée par l'IA peut imiter la concision d'Hemingway, le rythme iambique de Shakespeare ou la complexité de la prose de David Foster Wallace, mêlant souvent plusieurs influences pour créer des schémas jusque-là inimaginables. Loin de transformer le créateur humain, ces systèmes agissent comme des partenaires innovants: ils suggèrent des arcs narratifs, proposent des options narratives ou génèrent des jeux de mots surréalistes dépassant les limites de l'imagination traditionnelle.

Mais l'innovation inventive ne se limite pas à de nouveaux résultats: elle implique aussi de redéfinir le système. Les artistes ne sont plus limités par des flux de travail linéaires. L'IA permet une exploration itérative et non linéaire grâce à des fonctionnalités telles que les commentaires en temps réel, la modélisation prédictive et la reconfiguration dynamique. En modélisation et animation 3D, l'IA peut combler des lacunes, interpoler des mouvements ou même générer des textures photoréalistes à partir d'esquisses. Cela conduit à une démocratisation de stratégies autrefois complexes, permettant aux artistes de passer du concept à l'exécution avec une rapidité et une fluidité sans précédent.

L'architecture et la conception générative en sont un excellent exemple. Des outils comme Dreamcatcher d'Autodesk utilisent l'IA pour optimiser les structures non seulement pour des raisons esthétiques, mais aussi pour leur capacité, leur durabilité et leur résilience. En saisissant des idées, des matériaux et des contraintes de conception, les artistes et les architectes peuvent obtenir des centaines de prototypes générés par l'IA qui explorent de nouvelles possibilités spatiales, ce qui prendrait des mois, voire des années, à des concepteurs humains pour y parvenir manuellement.

L'impact catalyseur de l'IA s'étend également à la performance et aux médias interactifs. En danse, au théâtre et dans les installations immersives, les structures d'IA sont utilisées pour interpréter la musique, répondre, voire même imiter les mouvements et les émotions humaines. Dans les environnements interactifs, l'IA réagit en temps réel au public, modifiant la lumière, le son et les visuels en fonction de ses émotions, de ses statistiques biométriques ou de la participation du public cible. Cela crée une boucle de rétroaction entre le spectateur et l'œuvre, où chaque performance est unique et où chaque instant est co-construit entre l'humain et l'appareil.

De plus, l'IA a catalysé des genres artistiques entièrement nouveaux, des formes qui n'existeraient pas sans elle. Le changement de style neuronal, la narration guidée par les données, la chorégraphie algorithmique et les influenceurs numériques générés par l'IA constituent non seulement une simple évolution, mais des révolutions innovantes. Les artistes sont désormais conservateurs d'ensembles de données, formateurs de modèles et chorégraphes de code. Ce passage de la création manuelle à l'orchestration conceptuelle marque une transformation fondamentale du rôle de l'artiste, de créateur à méta-créateur.

Cependant, pour bien saisir le rôle catalyseur de l'IA, il est également nécessaire d'étudier son impact mental et culturel sur la créativité humaine. Lorsque l'IA génère des idées, elle oblige les artistes à remettre en question leurs propres hypothèses et préjugés. Elle leur offre des options qui sortent de leurs cadres habituels. L' imprévisibilité de la créativité systémique agit souvent comme une provocation, obligeant les artistes à repousser leurs propres limites. Ce dialogue, entre le désir humain de sens et la capacité de nouveauté du système, crée un terreau fertile pour l'innovation.

De plus, l'IA amplifie la prise de risque créative en réduisant le coût de l'expérimentation. Dans les médias traditionnels, les essais et les erreurs peuvent être chronophages et contribuer à l'approfondissement. Grâce à l'IA, les artistes peuvent itérer rapidement, explorer des concepts divergents et identifier l'échec sans crainte. Cet environnement favorise l'innovation radicale, en explorant des territoires esthétiques qui pourraient autrement rester inexplorés.

Il est important de noter que l'IA bouleverse également les gardiens traditionnels du monde de l'art. En autorisant de nouveaux types de création et de conservation, l'IA exige des institutions qu'elles repensent les critères de valeur, d'originalité et de paternité. Elle permet aux voix marginalisées – artistes sans accès à l'éducation formelle ni aux réseaux d'élite – de s'engager dans une création significative et de prendre part aux dialogues mondiaux. Grâce aux outils open source, aux plateformes en ligne et aux applications créatives alimentées par l'IA, l'innovation artistique devient plus inclusive, plus partagée et plus diversifiée.

Cependant, la capacité catalytique de l'IA n'est pas sans complexité. Des questions d'appartenance intellectuelle, de paternité et d'authenticité se posent lorsque le moteur créatif est un algorithme. À qui appartient le résultat d'une version générative formée à partir d'œuvres d'art publiques ? L'ensemble de données lui-même est-il une sorte de co-auteur invisible ? Ces défis ne remettent pas en cause le rôle de l'IA dans l'innovation, mais mettent plutôt en lumière l'évolution des cadres juridiques et philosophiques qui doit accompagner ce changement.

À l'avenir, il apparaît clairement que l'IA n'est pas une alternative à la créativité humaine, mais plutôt un accélérateur – une force qui amplifie, diversifie et transforme l'élan créatif. Elle apporte non seulement de nouveaux outils et techniques, mais aussi de nouvelles façons de penser, de voir et de ressentir. Dans cette optique, l'IA n'est pas seulement un catalyseur d'innovation créative: elle s'inscrit dans une redéfinition plus large de ce qu'est l'art, de ce qu'il peut être et de ses créateurs.

Cette redéfinition exige que nous élargissions notre conception de la créativité pour y inclure l'intelligence collaborative qui émerge entre les êtres humains et les machines. Elle appelle une nouvelle culture, alliant esthétique, code, éthique et imagination. En adoptant l'IA, les artistes ne renoncent pas à leur libre arbitre; ils séduisent par une nouvelle forme de force d'innovation. Ce faisant, ils écrivent le prochain chapitre de l'évolution de l'art, un chapitre où l'innovation n'est pas seulement améliorée, mais aussi étendue en taille, en complexité et en possibilités.

1.5. Considérations éthiques dans l'art généré par l'IA

L'intégration croissante de l'intelligence artificielle dans les industries innovantes engendre de nouveaux défis éthiques, aussi complexes qu'urgents. L'émergence de l'art généré par l'IA bouleverse les normes traditionnelles en matière de paternité, de propriété, d'originalité et de cause, soulevant des questions qui appellent non seulement des réponses purement criminologiques, mais aussi un reflet éthique. Dans ce nouveau paysage créatif, où les machines ne sont plus de simples outils, mais des co-créatrices, les frontières entre expression humaine et production algorithmique s'estompent. Que signifie créer de manière responsable dans un monde où l'art peut être généré par une machine formée au mode de vie humain ? Comment définir les dimensions éthiques de la paternité, de l'équité, de la représentation et de l'entreprise dans cet environnement innovant hybride ?

L'un des problèmes moraux les plus immédiats dans les œuvres d'art générées par l'IA réside dans la question de la paternité. Traditionnellement, la perception de la paternité impliquait une intention consciente, une expression émotionnelle et un style personnel. Cependant, dans les œuvres générées par l'IA, en particulier celles produites avec une intervention humaine minimale, l'attribution de la paternité devient complexe. L'auteur est-il le programmeur qui a conçu l'algorithme ? L'artiste qui a entraîné et organisé l'ensemble de données ? L'appareil qui a assemblé le résultat final ? Ou même la multitude d'artistes anonymes dont les œuvres ont peuplé les statistiques éducatives ?

Ce dilemme s'accentue lorsque l'IA génère des œuvres indiscernables ou étroitement inspirées d'artistes humains spécifiques, vivants ou décédés. Souvent, les ensembles de données utilisés pour entraîner les modèles génératifs englobent d'importantes quantités d'œuvres extraites de dépôts en ligne, souvent sans le consentement des créateurs. Cela soulève la question de la violation des droits de propriété intellectuelle. Si une IA experte en œuvres protégées crée une œuvre dans le style d'un artiste particulier, est-ce réellement une œuvre d'art ou s'agit-il d'un vol ?

Les cadres juridiques entourant ce problème restent ambigus. La plupart des lois actuelles sur le droit d'auteur sont fondées sur la paternité humaine et ne tiennent pas compte des créateurs non humains. Par conséquent, de nombreuses œuvres générées par l'IA se situent dans des zones grises en matière de droit d'auteur. Certaines juridictions, dont les États-Unis, ont explicitement refusé la protection du droit d'auteur aux œuvres produites entièrement par l'IA, tandis que d'autres élaborent encore des lois pour répondre à ces préoccupations émergentes. Cependant, la légalité ne concorde pas toujours avec l'éthique. Le fait qu'une œuvre générée par l'IA ne viole aucune loi ne signifie pas qu'elle ne pose aucun problème éthique, surtout si elle exploite les efforts et la créativité d'artistes humains sans reconnaissance ni rémunération.

Un dilemme éthique similaire se pose autour de l'appropriation et de l'illustration culturelles. Lorsque des structures d'IA sont entraînées sur des ensembles de données contenant des images culturellement importantes ou sacrées – souvent sans contexte ni autorisation –, les résultats obtenus peuvent perpétuer des stéréotypes néfastes, effacer des significations ou marchandiser des traditions profondément ancrées. Une IA formée à la bureaucratie artistique autochtone, par exemple, pourrait reproduire des styles ou des symboles dépouillés de leur signification culturelle, les réduisant à des motifs esthétiques à des fins commerciales. De tels effets non seulement constituent un manque de respect envers les cultures d'origine, mais renforcent également un vaste registre de pratiques extractives dans le monde de l'art.

De plus, les biais intégrés aux données d'apprentissage peuvent se répercuter sur les résultats créatifs de l'IA. Si les données utilisées pour enseigner les modèles génératifs représentent de manière disproportionnée des données démographiques, des tendances ou des périodes historiques positives, l'IA peut également reproduire et amplifier involontairement ces biais. Cela peut entraîner la marginalisation des voix sous-représentées ou l'homogénéisation de la créativité. L'introduction éthique de l'art par l'IA nécessite donc un examen critique des ensembles de données, non seulement du point de vue de la performance technique, mais aussi de l'équité, de l'inclusivité et du respect de l'intégrité culturelle.

Une autre complexité morale apparaît dans le domaine de l'authenticité émotionnelle et de la tromperie du public cible. Les œuvres d'art générées par l'IA peuvent être profondément émouvantes, mais les émotions qu'elles suscitent peuvent être entièrement basées sur l'illusion d'une intention humaine. Un spectateur peut être captivé par un poème ou une peinture, croyant qu'ils reflètent la vie intérieure de quelqu'un, pour finalement découvrir qu'ils sont le fruit d'un ensemble de règles dénuées de conscience et de sentiments. S'agit-il d'une forme de tromperie ? Ou l'effet émotionnel est-il légitime, quel que soit le point de départ ?

Cette question s'étend à la cause et à l'interprétation créatives. L'esthétique traditionnelle s'articule souvent autour de la notion de but de l'artiste: ce qu'il cherche à exprimer, critiquer ou découvrir. Avec l'art généré par l'IA, le lieu du mobile devient flou. Si l'opérateur humain peut définir des paramètres, le dispositif introduit régulièrement des comportements aléatoires ou auto-entretenus qui défient toute prédiction. Cette ambiguïté oblige les commissaires d'exposition, les critiques et le public à reconsidérer la construction de ce sens et son origine. Les machines peuvent-elles avoir un mobile artistique ? Ou exécutent-elles virtuellement du code ?

L'éthique des œuvres d'art générées par l'IA est également liée à la justice économique. À mesure que les structures d'IA se révèlent plus aptes à produire des œuvres commercialement viables, elles supplanteront les artistes humains, notamment ceux dont les moyens de subsistance dépendent du travail sur commande ou en freelance. Les plateformes proposant des logos, des illustrations, de la musique et même des services de production vidéo générés par l'IA concurrencent déjà les experts humains. Si ces outils peuvent démocratiser l'accès et réduire les coûts pour les consommateurs, ils risquent également de marchandiser la créativité, de réduire les salaires et de renforcer les inégalités dans l'économie créative.

Les cadres éthiques doivent donc prendre en compte non seulement les questions de création et de consommation, mais aussi les conditions de développement des outils d'IA. Cela inclut le travail des annotateurs de données, dont beaucoup travaillent dans des conditions précaires et mal rémunérées pour étiqueter des instantanés ou nettoyer des ensembles de données. Le travail humain « invisible » derrière l'art de l'IA doit être reconnu et valorisé, afin d'éviter de tomber dans le piège de célébrer l'innovation au détriment de son exploitation.

La transparence et le consentement éclairé sont des concepts importants pour résoudre nombre de ces problèmes. Les artistes dont le travail est utilisé pour enseigner aux systèmes d'IA devraient avoir le droit de choisir, ou au moins être informés et crédités. Les spectateurs d'œuvres d'art générées par l'IA doivent être informés de leur origine, en particulier dans les contextes où l'authenticité ou la provenance sont importantes. Le développement de principes moraux, de systèmes d'étiquetage et de licences statistiques ouvertes adaptées aux logiciels d'IA innovants peut contribuer à renforcer l'acceptation et la responsabilité.

Il est tout aussi crucial de développer la culture algorithmique chez les artistes et le public. Comprendre le fonctionnement des modèles génératifs – leurs limites, leurs données d'apprentissage et leurs biais de capacité – permet des jugements moraux plus éclairés. À mesure que les artistes commencent à utiliser l'IA comme partenaire innovant, ils doivent également devenir les garants de son utilisation éthique – en sélectionnant les ensembles de données avec prudence, en créditant les influences avec transparence et en réfléchissant aux implications plus larges de leur pratique.

Les établissements d'enseignement, les musées et les groupes culturels ont un rôle essentiel à jouer à cet égard. Ils peuvent favoriser un dialogue essentiel, soutenir la recherche interdisciplinaire et élargir les programmes d'études qui préparent les futurs artistes et architectes à interagir avec l'IA non seulement avec compétence, mais aussi avec responsabilité. La maîtrise du code doit s'accompagner d'une maîtrise de l'éthique.

Une autre frontière éthique importante réside dans l'utilisation de l'IA pour simuler des artistes disparus ou générer de « nouvelles » œuvres de leur choix. Que ce soit par le biais de deepfakes de peintres, de compositeurs ou d'interprètes, l'IA a permis de faire revivre des motifs et des voix venus de l'au-delà avec une précision inouïe. Si certains y voient également un hommage, d'autres y voient une forme de nécromancie artistique, soulevant des questions sur le consentement, la dignité et la marchandisation posthume des héritages créatifs.

Par exemple, lorsqu'une IA génère un « nouveau » Rembrandt ou une chanson des Beatles dans le style du groupe, s'agit-il d'une continuation respectueuse de leur œuvre ou d'une appropriation commerciale ? Les héritiers ou les descendants devraient-ils avoir leur mot à dire ? Les morts ont-ils des droits artistiques ? Ce sont des questions que le monde de l'art commence à peine à affronter, mais elles deviendront de plus en plus pressantes à mesure que les compétences génératives se développeront.

Enfin, se pose la question du rôle de l'art dans le façonnement des valeurs humaines et de l'imagination éthique. À mesure que l'art généré par l'IA devient plus quotidien, il a le pouvoir non seulement de refléter la culture, mais aussi de la guider. Des algorithmes entraînés sur des images violentes, sexistes ou racistes peuvent renforcer les discours néfastes. À l'inverse, l'utilisation éthique de l'IA peut amplifier les voix de résistance, créer un espace de rétablissement et envisager des avenirs plus justes. La dimension éthique de l'art généré par l'IA ne se limite pas à son mode de production: elle s'étend à ses messages, à ses impacts et à sa place dans la société.

Les préoccupations éthiques entourant les œuvres d'art générées par l'IA sont considérables et multiformes. Elles touchent aux droits des personnes, à l'intégrité culturelle, au travail créatif, à la confiance du public cible et à la justice sociale. Face à ce nouveau contexte, il est crucial de dépasser les logiques binaires simplistes – humain contre machine, authentique contre synthétique – et d'adopter une compréhension plus nuancée de la créativité comme une méthode partagée et évolutive. Cela exige non seulement une innovation technologique maximale, mais aussi une imagination éthique – une volonté de soulever des questions complexes, d'écouter diverses voix et de façonner un avenir où liberté créative et responsabilité coexistent.

L'IA n'est pas toujours intrinsèquement morale ou contraire à l'éthique: elle reflète les valeurs inhérentes à sa conception, son déploiement et son utilisation. Dans le domaine de l'art, où le sens, l'identité et la splendeur sont en jeu, ces valeurs sont profondément ancrées. À l' intersection du code et de la sous-culture, le défi qui nous attend est clair: faire en sorte que l'essor de la créativité sur les appareils enrichisse, et non érode, le tissu éthique de l'expression créative.

CHAPITRE 2

Art numérique avec IA

2.1. Art numérique et technologie de l'IA

La fusion de l'intelligence artificielle (IA) et de l'art virtuel a ouvert un nouveau champ de possibilités pour les créateurs. À mesure que les technologies d'IA évoluent, elles façonnent la manière dont les œuvres d'art sont créées et perçues, influençant tout, des œuvres d'art visuelles aux témoignages interactifs. Au cœur de ce changement se trouvent divers outils et techniques basés sur l'IA qui repoussent les limites des techniques créatives traditionnelles.

Les réseaux antagonistes génératifs (GAN) constituent la génération d'IA la plus influente utilisée en art virtuel. Ces réseaux se composent de deux composants: un générateur, qui crée des images, et un discriminateur, qui évalue leur qualité. Grâce à cette approche itérative, les GAN apprennent à générer des images de plus en plus sophistiquées et réalistes, pouvant ressembler à des œuvres d'art existantes ou présenter des compositions entièrement nouvelles. Les artistes utilisent ces systèmes pour produire des volumes spécifiques d'œuvres d'art, allant de créations abstraites à des représentations hyperréalistes.

L'influence de l'IA s'étend également aux outils d'art virtuel plus traditionnels. Les programmes qui permettaient autrefois aux artistes de contrôler les images ou de concevoir des photos ont évolué pour intégrer des éléments d'IA qui les aident à choisir la composition, la couleur et la forme. En étudiant des millions d' éléments d'archives, ces outils peuvent suggérer des ajustements à une mise en page qui pourraient ne pas être immédiatement perceptibles pour l'artiste, l'aidant ainsi à créer des parties plus sensibles.

Le rôle de l'IA dans l'art ne se limite pas à la création d'images fixes. Cette technologie s'impose également dans la vidéo, l'animation et les arts interactifs. L'IA peut désormais générer des animations complexes ou modifier le contenu vidéo existant, permettant aux artistes d'utiliser ce médium selon des méthodes auparavant inaccessibles. L'art virtuel interactif, mieux adapté à l'IA, peut réagir en temps réel aux commentaires des utilisateurs, créant des analyses personnalisées qui engagent le spectateur de manières spécifiques.

À mesure que l'IA se perfectionne, sa capacité à collaborer avec des artistes humains continue de se développer. Ces collaborations brouillent les frontières entre l'auteur et l'outil, soulevant des questions sur la paternité et la créativité. Si certains affirment que l'IA est un outil véritablement propice à l'expression créative, d'autres soutiennent que le rôle de l'outil s'apparente davantage à celui d'un co-auteur, capable de produire des œuvres non pas nécessairement influencées par l'utilisation, mais activement façonnées par ses algorithmes.

Malgré ces questions philosophiques, il est incontestable que l'IA ouvre la voie à de nouvelles formes d'expression créative. Elle transforme le paysage artistique numérique en offrant aux artistes de nouvelles façons d'explorer leurs idées et de développer leur art. Les outils d'IA disponibles aujourd'hui ouvrent des perspectives d'exploration créative qui auraient été inaccessibles il y a quelques décennies seulement.

De plus, l'accessibilité croissante des outils de peinture basés sur l'IA a démocratisé la méthode moderne, permettant à des personnes peu formées en peinture de créer des œuvres époustouflantes. Cela a donné naissance à une nouvelle génération d'artistes qui utilisent l'IA comme un compagnon créatif, élargissant ainsi la diversité des voix et des visions dans le monde de l'art. Ces outils permettent également une expérimentation rapide et le lancement de nouvelles technologies, permettant aux artistes d'expérimenter des modèles, des stratégies et des idées précis, sans les contraintes des techniques traditionnelles.

La collaboration entre humains et machines dans le domaine de l'art virtuel remet en question les définitions complexes de la créativité et de l'expression créative. Les œuvres générées par l'IA soulèvent des questions sur le rôle de l'artiste, la place de la touche humaine dans l'art et l'authenticité des créations réalisées par des machines. Cependant, elles offrent également un regard ultramoderne sur l'évolution des relations entre technologie et créativité, ainsi que sur le potentiel d'innovation de l'art mondial.

L'évolution de l'IA dans l'art numérique n'en est qu'à ses balbutiements, et les perspectives d'avenir sont infinies. À mesure que la technologie de l'IA continue de progresser, elle continuera véritablement à transformer les processus de création, de développement et de valorisation des œuvres. Du développement de nouveaux supports innovants à l'élargissement des possibilités innovantes, l'IA transforme véritablement le paysage de l'art numérique, offrant de nouvelles perspectives intéressantes aux artistes confirmés comme émergents.

2.2. Perceptions de la créativité de l'IA

La notion de créativité a longtemps été perçue comme une caractéristique profondément humaine. Elle a longtemps été associée à l'expression individuelle, à l'imagination et à l'originalité. Cependant, l'essor de l'intelligence artificielle a remis en question cette perception, les systèmes d'IA étant désormais capables de générer des œuvres d'art, de la musique, de la littérature et d'autres formes de production innovante. À mesure que l'IA devient partie intégrante de la machine moderne, la perception du public quant à son rôle dans la créativité évolue, soulevant des questions fondamentales sur la nature même de la créativité.

L'une des perceptions les plus courantes de la créativité de l'IA est qu'elle n'est qu'une réplique, voire une imitation, des processus créatifs humains. Les premiers modèles d'IA étaient souvent perçus comme des outils imitant les différents artistes, compositeurs ou écrivains connectés. Les créations innovantes issues de ces systèmes étaient considérées comme des retombées, dépourvues de l'âme et de l'originalité qui caractérisent l'art humain. Les critiques affirmaient que l'IA ne pouvait être clairement innovante, faute de reconnaissance, d'émotion et d'expérience subjective.

Cependant, à mesure que les structures d'IA sont devenues plus innovantes, notamment grâce à des méthodes comme l'apprentissage profond et les réseaux neuronaux, elles ont toutes commencé à générer des résultats qui ne sont pas de simples imitations, mais des créations originales à part entière. Certaines œuvres générées par l'IA sont désormais considérées comme résolument contemporaines, ouvrant de nouvelles perspectives en matière d'expression créative. Par exemple, l'IA a créé des styles visuels inédits, a fusionné des genres musicaux de manière non conventionnelle, ou encore écrit de la poésie qui trouve un écho auprès du public. Ces avancées ont contribué à modifier la perception du rôle de l'IA dans la créativité.

Un argument clé en faveur de l'IA comme force d'innovation réside dans le fait que la créativité ne requiert généralement pas de pensée humaine. Elle peut plutôt être considérée comme une technique permettant de créer de nouvelles combinaisons ou de résoudre des problèmes de manière innovante, deux domaines dans lesquels l'IA excelle de plus en plus. Les systèmes d'IA sont capables d'analyser des volumes considérables de données, de reconnaître des modèles et d'extrapoler de nouvelles perspectives par des moyens qui pourraient échapper à un compositeur humain. Par exemple, une musique générée par l'IA peut combiner des éléments issus de genres ou de traditions culturelles uniques, créant ainsi des sonorités difficiles à imaginer pour un compositeur humain. Cette capacité à créer des combinaisons inédites est illustrée par l'utilisation de certains éléments comme preuve que l'IA est capable de développer sa créativité, malgré son manque de concentration humaine.

Une autre perception de la créativité de l'IA repose sur l'idée de collaboration entre humains et machines. Plutôt que de convertir les artistes humains, l'IA est souvent perçue comme un outil capable d'accroître et d'améliorer la créativité humaine. Dans cette version collaborative, l'IA agit comme un partenaire créatif, fournissant des recommandations, générant de nouvelles idées et proposant des idées que l'artiste n'aurait peut-être pas envisagées. Ce partenariat permet aux artistes d'explorer de nouveaux territoires innovants et d'explorer des styles et des formes qu'ils auraient eu du mal à maîtriser seuls. Par exemple, un artiste peut également utiliser l'IA pour générer de nombreux modèles réalisables pour un tableau, parmi lesquels il peut sélectionner et affiner ses éléments préférés. Dans cette expérience, l'IA est perçue comme un catalyseur de créativité plutôt que comme une transformation.

Cependant, certains craignent que l'implication croissante de l'IA dans le processus progressiste n'entraîne la marchandisation de l'art et l'érosion des pratiques révolutionnaires centrées sur l'humain. Certains critiques affirment que l'utilisation massive de l'IA dans l'art devrait réduire le coût de la créativité humaine, à mesure que les œuvres générées par les systèmes gagnent en popularité et en accessibilité. De ce point de vue, la créativité de l'IA est perçue comme dépourvue de l'intensité, de l'intentionnalité et du lien personnel que les artistes humains apportent à leurs œuvres. L'art, dans ce sens traditionnel, est considéré non seulement comme un produit, mais comme le reflet de l'esprit, des émotions et du récit de l'artiste – un élément que l'IA, avec sa perte d'attention et de sensibilité, ne peut en aucun cas reproduire.

Parallèlement, certains soutiennent que l'implication de l'IA dans la créativité devrait conduire à une démocratisation de l'art. En rendant des outils innovants et performants accessibles à un public plus large, l'IA permet à des personnes dépourvues de formation créative traditionnelle d'interagir avec le système moderne. Par exemple, les systèmes entièrement basés sur l'IA peuvent aider les non-artistes à créer des œuvres, à écrire des poèmes ou des chansons, brisant ainsi les barrières qui ont historiquement limité l'expression créative. Dans cette optique, l'IA est perçue comme un outil permettant d'élargir la définition de la créativité et de permettre à un plus grand nombre de participer à des projets innovants.

La question de la paternité se pose également dans les discussions sur la créativité de l'IA. Si un dispositif d'IA génère une œuvre d'art, qui en est le véritable créateur: l'appareil qui a produit l'œuvre ou l'humain qui l'a formée et programmée ? Certains estiment que l'artiste humain doit néanmoins être reconnu comme le créateur principal, car ce sont eux qui ont défini les paramètres et fourni les données d'entrée à la machine d'IA. D'autres soutiennent que les œuvres générées par l'IA doivent être traitées comme des créations de la machine elle-même, l'appareil étant considéré comme le « créateur » de l'œuvre. Cela soulève d'importantes questions sur la relation entre technologie et paternité à l'ère numérique, remettant en question les notions conventionnelles de ce que signifie être un créateur.

Alors que l'IA continue de jouer un rôle croissant dans les industries modernes, son impact sur notre compréhension de la créativité va probablement continuer de croître. L'IA remet en question l'idée reçue selon laquelle la créativité est une caractéristique intrinsèquement humaine, offrant de nouvelles façons de penser l'approche moderne et le rôle des machines dans l'art. Qu'elle soit perçue comme un outil, un collaborateur ou un auteur à part entière, l'implication de l'IA dans le monde de la créativité transforme le paysage créatif et nous oblige à repenser ce que signifie être véritablement innovant.

La perception de la créativité de l'IA est en constante évolution, et de nombreuses perspectives exceptionnelles se développent au fil de l'évolution de la société. À mesure que l'IA continue de se développer et que son rôle dans les domaines créatifs s'affirme, il est probable que de nouveaux cadres de connaissance et de comparaison de la créativité émergeront, intégrant les contributions humaines et mécaniques. Que l'IA soit perçue comme une véritable force créatrice ou simplement comme un outil au service des artistes, son impact sur le monde de l'art est évident et sa capacité à transformer les pratiques innovantes est considérable.

2.3. Impacts sociaux et culturels de l'art numérique

L'art numérique s'est imposé comme une force transformatrice du mode de vie contemporain, influençant significativement la manière dont l'art est créé, consommé et apprécié. Frontière moderne de l'expression créative, l'art virtuel offre des défis et des possibilités uniques aux artistes et à la société dans son ensemble. Son évolution, portée par les progrès technologiques, a non seulement redéfini la nature de l'œuvre d'art elle-même, mais aussi ses implications sociales et culturelles plus larges.

L'un des impacts sociaux les plus marquants de l'art virtuel est la démocratisation du processus créatif. Les arts traditionnels exigeaient souvent des compétences spécialisées, l'accès à des ressources coûteuses ou une formation formelle. Les outils numériques, quant à eux, ont permis à un plus large éventail de personnes de créer et de partager des œuvres d'art. Des logiciels comme Photoshop, Illustrator et, plus récemment, des plateformes d'art basées sur l'IA permettent à toute personne disposant d'un ordinateur ou d'un téléphone de créer de magnifiques images, animations ou installations numériques. Cela a réduit les restrictions d'accès pour les artistes en herbe, favorisant ainsi l'émergence de voix créatives issues d'horizons divers. L'art numérique est ainsi devenu plus inclusif, ouvrant la voie à de nouvelles formes d'expression et d'identité.

De plus, l'essor des peintures virtuelles a transformé la manière dont les œuvres d'art sont consommées. Auparavant, l'art était souvent confiné aux galeries, musées et espaces physiques dédiés, le rendant accessible uniquement à ceux qui avaient le temps, les ressources ou le privilège de l'observer en personne. L'art numérique, quant à lui, est facilement partagé et partagé en ligne, permettant aux personnes du monde entier d'accéder à l'art et de l'apprécier en temps réel. Des plateformes comme Instagram, Behance et les galeries en ligne sont devenues des lieux incontournables pour présenter et découvrir des peintures numériques, contournant les intermédiaires traditionnels que sont les galeries et les critiques. Cela a profondément transformé le monde de l'art, offrant aux artistes de nouvelles possibilités de conquérir un public international et aux amateurs d'art de découvrir des œuvres d'auteurs qu'ils n'auraient peut-être jamais rencontrées autrement.

Ce passage au virtuel s'accompagne également de nouveaux types de commissariat et de critique artistiques. Alors que les formes d'art traditionnelles étaient fréquemment critiquées au sein de cadres institutionnels rigides, l'art virtuel a donné naissance à de nouveaux modes d'évaluation et d'interaction. Les réseaux sociaux, par exemple, permettent de critiquer, de partager et d'interagir avec l'art par l'intermédiaire de publics éloignés du monde artistique traditionnel. Ainsi, l'art virtuel peut évoluer en temps réel, les réactions et commentaires du public influençant la technique de l'artiste. Cela a créé un style de vie plus participatif, où la frontière entre auteur et consommateur devient floue.

Sur le plan culturel, l'art virtuel a eu de profondes répercussions sur la production et la représentation culturelles. En facilitant l'expression créative, il a permis la représentation de voix et de points de vue autrefois marginalisés. Des artistes issus d'horizons sous-représentés, qu'ils soient ou non liés à leur origine ethnique, leur genre ou leur origine socio-économique, ont découvert de nouvelles possibilités d'exprimer leurs souvenirs et leurs histoires à travers les plateformes numériques. Cela a permis une augmentation de la diversité artistique mondiale, une remise en question des récits culturels dominants et la prise de parole de personnes traditionnellement exclues des espaces culturels traditionnels.

De plus, l'art virtuel a favorisé le développement de nouvelles formes d'expression culturelle, jusqu'alors inaccessibles avant l'avènement des technologies virtuelles. La réalité virtuelle (RV), la réalité augmentée (RA), les installations interactives et les créations générées par algorithmes ont ouvert de nouvelles perspectives d'exploration créative. Ces nouveaux supports repoussent les limites du travail d'artiste traditionnel, proposant des expériences immersives et participatives qui initient le spectateur à des interactions inédites. Par exemple, la RV permet aux spectateurs de pénétrer dans un monde virtuel et de vivre l'œuvre comme s'ils y étaient physiquement présents. Ces avancées ont non seulement élargi les possibilités offertes aux artistes, mais ont également transformé la façon dont les humains interagissent avec l'art et l'apprécient, créant un environnement culturel plus immersif et participatif.

Cependant, l'essor de l'art numérique a également suscité des inquiétudes, notamment concernant les problèmes d'originalité, de droit d'auteur et d'authenticité. Les œuvres d'art numériques pouvant être reproduites et distribuées, la question de la propriété des œuvres virtuelles est devenue de plus en plus complexe. La possibilité de dupliquer et de coller des documents virtuels a suscité des débats sur le coût des œuvres d'art virtuelles. Contrairement aux peintures traditionnelles, où une seule pièce physique est souvent considérée comme « unique », l'œuvre d'art numérique existe sous forme de document pouvant être reproduit à l'infini. Cela soulève des questions sur la manière de définir et de préserver l'authenticité de l'art numérique à une époque où les copies sont indiscernables de l'original. De plus, l'accessibilité des œuvres d'art virtuelles les rend plus vulnérables au piratage, ce qui complexifie les questions de rémunération et de droits de propriété intellectuelle pour les artistes.

La difficulté de l'impermanence des œuvres numériques est une autre question. Contrairement aux œuvres d'art traditionnelles, qui existent sous forme de supports tangibles, les œuvres virtuelles sont souvent enregistrées dans des formats susceptibles de devenir obsolètes au fil du temps. Par exemple, un document numérique créé aujourd'hui peut devenir illisible à long terme en raison de l'évolution des technologies ou des formats d' applications. Cela crée un sentiment de fragilité autour de l'art numérique, suscitant des interrogations quant à sa conservation et à son héritage à long terme. En réaction, des efforts ont été déployés dans le monde de l'art pour créer des systèmes d'archivage des œuvres virtuelles, garantissant ainsi leur pérennité pour les générations futures. Cependant, la question de la préservation du caractère immatériel des œuvres virtuelles reste un sujet d'actualité.

Les effets culturels de l'art virtuel dépassent largement le cadre artistique mondial, influençant des comportements sociaux plus larges. L'essor de l'art virtuel est étroitement lié au phénomène plus vaste des modes de vie numériques et à la place croissante de la technologie dans la vie quotidienne. Tout comme les réseaux sociaux et les plateformes en ligne ont transformé la façon dont les humains communiquent et interagissent, ils ont également transformé la manière dont l'art est produit, consommé et valorisé. L'art numérique est souvent au cœur de ces changements, reflétant les processus par lesquels la technologie transforme tous les aspects de la vie moderne.

De plus, l'art virtuel joue un rôle dans l'évolution des relations entre les individus et les générations. Alors que l'IA et l'apprentissage automatique influencent de plus en plus l'apparence de l'art numérique, des questions se posent quant au rôle de l'humain dans ce processus révolutionnaire. L'art est-il réellement une « peinture » si un appareil le génère ? Qu'implique pour l'artiste qu'un appareil soit capable de créer un élément indiscernable de l'art créé par l'homme ? Ces questions remettent en question les notions traditionnelles de créativité et d'auteur, et à mesure que l'art numérique évolue, notre perception de ce que signifie être écrivain à l'ère du numérique évoluera également.

L'art numérique transforme non seulement la manière dont les œuvres sont créées et consommées, mais aussi les systèmes culturels et sociaux qui les entourent. Son impact dépasse le cadre du monde artistique, influençant les questions d'accessibilité, de représentation, d'authenticité et la nature de la génération dans les modes de vie. Si l'art virtuel offre de nouvelles possibilités de créativité et d'expression, il soulève également des défis cruciaux qui nécessitent une attention particulière à mesure que la technologie s'adapte. En fin de compte, l'art numérique est à la fois un reflet et un catalyseur de la transformation continue de la société et des modes de vie à l'ère du virtuel.

2.4. Art numérique interactif et IA

La convergence de l'intelligence artificielle (IA) et de l'art numérique interactif représente l'une des tendances les plus transformatrices dans les registres de la créativité et de l'expression humaine. Contrairement aux formes d'art traditionnelles, statiques ou linéaires, l'art numérique interactif se caractérise par sa réactivité: sa capacité à se conformer, à s'adapter et à réagir aux visiteurs, aux utilisateurs ou aux stimuli environnementaux. Associée aux capacités de l'IA, cette réactivité transcende le simple comportement programmé et ouvre la voie à des expériences immersives, adaptatives, voire sensibles, qui redéfinissent la relation entre l'auteur, l'œuvre et le public.

L'art interactif imprégné d'IA va au-delà de la simple réponse à une entrée; il apprend, prédit et crée en temps réel. Cette interactivité ne se limite plus à des parcours prédéfinis ou à des options de menu; elle émerge dynamiquement en fonction du comportement de l'utilisateur, de ses émotions, de sa voix, de ses gestes, de ses données biométriques, voire de son contexte social. Grâce à cet engagement multidimensionnel, l'IA transforme l'art virtuel d'un simple support en un système vivant, évoluant avec son public cible et son environnement.

Pour appréhender ce phénomène, il faut remonter aux origines de l'art interactif, qui a connu une émergence majeure à la fin du XXe siècle avec l'apparition des installations informatiques. Des pionniers comme Jeffrey Shaw, Myron Krueger et Lynn Hershman Leeson ont créé des œuvres permettant aux spectateurs d'interagir grâce à des capteurs, des caméras ou des mouvements physiques. Ces systèmes, bien que révolutionnaires, étaient limités par la complexité de leur programmation. L'émergence de l'apprentissage automatique et du traitement de l'information en temps réel a profondément modifié ce paysage, permettant à l'IA de prendre les rênes de l'interactivité de manière beaucoup plus complexe et intuitive.

L'un des domaines les plus remarquables où l'IA a transformé l'art numérique interactif est la réactivité émotionnelle et comportementale. Grâce à des technologies comme la reconnaissance faciale, l'analyse des sentiments et l'informatique affective, les créations artistiques basées sur l'IA peuvent désormais détecter des signaux émotionnels – comme la joie, la tristesse, la colère ou l'émerveillement – et y réagir. Par exemple, une peinture numérique peut également ajuster sa palette de couleurs et son mouvement en fonction de l'expression du spectateur, créant ainsi une boucle de rétroaction émotionnelle dynamique entre l'observateur et l'œuvre. Cela crée non seulement une expérience plus personnalisée, mais aussi une forme d'art empathique, qui reconnaît et réagit aux émotions humaines.

Dans des installations comme « Pulse Room » de Rafael Lozano-Hemmer, l'IA analyse les battements cardiaques des membres, captés par des capteurs biométriques, et les transforme en pulsations lumineuses rythmiques à travers une pièce entière. Chaque nouveau visiteur laisse derrière lui son empreinte physiologique, qui se fond ensuite dans le rythme collectif des autres. Cela crée un récit de présence stratifié et évolutif, où l'œuvre d'art devient l'enregistrement d'une expérience biologique partagée, transmise par des systèmes intelligents.

outil performant de l'IA dans l'art numérique interactif. Des murs de poésie interactifs, des chatbots dans des galeries virtuelles ou des personnages pilotés par l'IA dans des environnements immersifs permettent un échange verbal entre le public et l'œuvre. Ces systèmes peuvent engager des conversations, adapter leur style linguistique à l'utilisateur ou encore composer de nouveaux éléments textuels en réponse à des entrées. Dans des projets comme « 1 the Road » de Ross Goodwin, la littérature touristique générée par l'IA est générée en temps réel à partir de données environnementales, de données GPS et d'images visuelles, brouillant ainsi les liens entre l'auteur, l'environnement et l'algorithme.

L'interactivité prend également des dimensions spatiales et architecturales dans les environnements immersifs d'IA, notamment ceux créés par des artistes numériques comme Refik Anadol. Ses projets, comme « Machine Hallucinations » et « Quantum Memories », utilisent d'importants ensembles de données et des algorithmes d'apprentissage automatique pour créer des paysages oniriques en mouvement constant dans l'espace public. Ces œuvres réagissent aux mouvements, à la présence et parfois même à l'activité cérébrale des visiteurs, permettant des analyses artistiques à la fois collectives et profondément personnelles. L'IA joue ici à la fois le rôle de commissaire d'exposition et de chorégraphe, façonnant des espaces qui évoluent naturellement au gré des déplacements.

L'IA confère également une intensité temporelle à l'interactivité. Contrairement aux œuvres d'art traditionnelles, qui restent identiques d'un instant à l'autre, les éléments interactifs basés sur l'IA sont capables de se souvenir. Ils peuvent acquérir des informations au fil des ans, appréhender les participants récurrents, s'adapter aux tendances à long terme et générer des récits qui gagnent en complexité. Cela introduit le concept de mémoire dans l'art: non pas comme une archive statique, mais comme une intelligence vivante qui apprend de chaque interaction. Une œuvre peut évoluer en fonction des émotions cumulées exprimées par de nombreux spectateurs, ou modifier son orientation thématique en fonction des formes d'engagement collectif.

Dans l'art interactif sonore et musical, l'IA a permis la création d'œuvres d'art qui s'harmonisent ou réagissent en temps réel aux interventions humaines. Par exemple, des installations comme « Instruments of the Afterlife » de l'artiste Tega Brain associent biocapteurs et IA pour générer des compositions musicales évolutives basées entièrement sur des données environnementales et physiologiques. Ces structures ne réagissent pas directement: elles improvisent, formant une sorte de duo avec le joueur. Le résultat n'est pas une lecture audio linéaire, mais un environnement sonore en constante évolution, façonné par l'humain et l'appareil ensemble.

L'essor des systèmes de RV (réalité virtuelle) et de RA (réalité augmentée) a multiplié les possibilités d'interactivité alimentée par l'IA. Dans ces mondes immersifs, les agents d'IA peuvent incarner des personnages, des classes ou des co-créateurs astucieux. Par exemple, dans les sections artistiques en RV pilotées par l'IA, les utilisateurs peuvent découvrir un monde surréaliste où le décor se transforme au gré de leur regard, de leur voix ou de leurs mouvements. L'IA permet à ces environnements de s'adapter, de se projeter, voire de raconter des souvenirs en réaction directe au comportement de l'utilisateur. Cela brouille la frontière entre spectateur et créateur, transformant le joueur en co-auteur d'une œuvre d'art.

L'IA introduit également une dimension morale à l'interactivité. Étant donné que de nombreuses créations artistiques interactives basées sur l'IA s'appuient sur des données statistiques fournies par les utilisateurs – des expressions faciales aux réactions émotionnelles aux alertes biométriques – les questions de confidentialité, de consentement et d'autonomie deviennent centrales. Les artistes doivent se rappeler comment les données sont collectées, traitées, stockées et potentiellement réutilisées. Un art interactif éthique doit garantir la transparence, l'anonymat et une communication transparente sur les structures utilisées. L'équilibre entre personnalisation et surveillance est délicat, et à mesure que l'IA deviendra plus experte dans le décodage des alertes humaines intimes, il devient primordial de garantir l'accord des utilisateurs.

L'IA favorise la narration non linéaire et l'exploration narrative au sein de l'art interactif. Plutôt que de guider les utilisateurs à travers une expérience figée, les artistes peuvent créer des réseaux narratifs, où chaque interaction ouvre une nouvelle voie, débloque des couches cachées ou modifie complètement les résultats. Ce phénomène a été exploré dans le théâtre interactif, les romans virtuels et les récits d'art ludique, où l'IA détermine le développement de l'histoire en temps réel, en fonction des mouvements ou des états émotionnels du joueur. Ces histoires sont souvent impossibles à reproduire intégralement, car l'IA et le joueur co-créent un événement créatif unique à chaque fois.

Ces analyses introduisent également une nouvelle esthétique de l'émergence. Dans les formes d'art traditionnelles, l'artiste conçoit chaque élément de l'œuvre. En analyse, l'art virtuel interactif basé sur l'IA comporte souvent des éléments d'imprévisibilité et de chaos. L'artiste définit les conditions initiales, entraîne la machine et définit les paramètres, mais la forme finale se façonne par l'interaction. Cela permet la sérendipité, la découverte et des moments créatifs qui surprennent même l'auteur.

Les établissements d'enseignement et les musées ont commencé à adopter ces innovations. Des expositions interactives présentent désormais des œuvres d'IA qui invitent les visiteurs à participer, interagir et réfléchir. Par exemple, l'exposition « AI: More Than Human » du Barbican présentait des installations où les visiteurs pouvaient co-créer de la musique, du texte et des visuels générés par l'IA, révélant le fonctionnement interne des algorithmes et soulignant le rôle de l'humain dans la création numérique. Ces expositions suscitent une communication essentielle, invitant le public non seulement à expérimenter, mais aussi à questionner les implications de l'IA dans l'art et la société.

De plus, l'IA a démocratisé l'art interactif en permettant aux créateurs sans formation en codage de développer des œuvres complexes et réactives. Des plateformes telles que Runway ML, Processing et TouchDesigner offrent des environnements de programmation visuelle où les artistes peuvent former des modèles, créer des structures d'interaction et concevoir des histoires immersives sans connaissances techniques avancées. Cette démocratisation a donné naissance à une nouvelle génération de créateurs – poètes, danseurs, peintres – qui explorent l'interactivité à travers le prisme de la maîtrise des outils, de la vision par ordinateur et des réseaux neuronaux.

Malgré ces améliorations, des situations complexes demeurent. À mesure que l'IA progresse, la complexité de l'interactivité pourrait dépasser l'entendement humain. Les systèmes qui s'adaptent en temps réel en fonction de modèles d'apprentissage d'appareils opaques peuvent devenir imprévisibles ou impénétrables. Pour le public, cela peut être source de surprise ou d'aliénation. Pour les créateurs, cela pose des difficultés pour déboguer, affiner ou garantir l'intentionnalité de l'expérience utilisateur. La transparence, l'explicabilité et une conception centrée sur l'utilisateur sont essentielles pour garantir que les projets créatifs interactifs basés sur l'IA restent attrayants et significatifs, plutôt que frustrants ou déroutants.

À cela s'ajoute la question philosophique de la paternité et de la manipulation. Dans les créations artistiques qui évoluent par l'interaction et l'apprentissage automatique, qui est le véritable auteur ? L'artiste qui a conçu l'appareil ? L'IA qui façonne le contenu ? Le participant dont la contribution influence les résultats ? À bien des égards, l'art numérique interactif avec l'IA remet en question le concept même de paternité, nous invitant à réfléchir en termes d'entreprise partagée et de créativité distribuée.

L'art numérique interactif propulsé par l'IA n'est pas seulement un genre nouveau, c'est aussi un véritable changement de paradigme. Il redéfinit le lien entre création et expression, entre observateur et observé. Il nous invite à découvrir des œuvres vivantes qui expérimentent, prêtent attention, se souviennent et s'adaptent. Ces œuvres ne sont pas des reflets statiques de la vision d'un artiste, mais des conversations, se déployant instant après instant entre l'humain et l'appareil, la présence et la mémoire, le hasard et le design.

Dans cet espace d'interactivité, l'IA n'est pas un simple outil: elle devient un partenaire poétique, un collaborateur dans l'inconnu. Elle a le pouvoir d'ouvrir de nouveaux horizons émotionnels, de nouveaux modes de participation et de nouvelles définitions de la création artistique et de l'émotion qu'elle suscite.

2.5. Outils d'IA pour les artistes visuels

Les arts visuels ont toujours été étroitement liés aux technologies de leur époque. De la découverte de la chambre noire à la Renaissance aux pinceaux virtuels du XXIe siècle, les artistes ont constamment adopté et redéfini les outils à leur disposition. Ces dernières années, l'intelligence artificielle (IA) s'est imposée comme la force disruptive et génératrice la plus marquante de cette lignée, inaugurant un profond changement dans la manière dont les artistes visuels conçoivent, produisent et présentent leurs œuvres. Les outils d'IA ne se limitent pas aux marges de la pratique expérimentale; ils deviennent indispensables à la création artistique moderne, offrant aux artistes des capacités exceptionnelles de création, d'itération, de simulation et de collaboration.

L'essor de l'IA dans les arts visuels ne se limite pas à l'automatisation ou à l'efficacité: il s'agit d'augmentation. Ces outils permettent aux artistes d'approfondir leurs connaissances, de multiplier leurs stratégies et d'explorer de nouveaux horizons conceptuels. Ils offrent également de nouveaux langages visuels et esthétiques, jusqu'alors inaccessibles. Que ce soit par le biais de réseaux génératifs, de transferts de style, de synthèse d'images, de segmentation, de mise à l'échelle ou de reconnaissance d'échantillons basée sur des données, l'IA ouvre la voie à un nouveau paradigme où la frontière entre instinct humain et intelligence artificielle deviendra un espace de collaboration fertile.

Parmi les technologies d'IA les plus révolutionnaires pour les artistes visuels figurent les réseaux antagonistes génératifs (GAN). Introduits par Ian Goodfellow et ses collaborateurs en 2014, les GAN sont des systèmes d'apprentissage automatique dans lesquels deux réseaux neuronaux – le générateur et le discriminateur – s'affrontent dans un jeu à somme nulle. Cette architecture permet la création d'images récentes et réalistes, statistiquement indiscernables des données scolaires. Des artistes visuels comme Mario Klingemann, Anna Ridler et Robbie Barrat ont utilisé les GAN pour générer des images envoûtantes, des abstractions fluides et des paysages surréalistes, brouillant souvent la frontière entre création humaine et création automatique.

Des outils comme Runway ML ont rendu les GAN et autres modèles complexes d'apprentissage automatique accessibles aux artistes sans formation en programmation. Runway propose une interface graphique permettant aux utilisateurs de glisser-déposer des modèles d'IA dans leur flux de travail, permettant des opérations telles que le transfert de style, la photosynthèse, la conversion de texte en image, la suppression d'arrière-plan, l'échange de visages, etc. Les artistes peuvent entraîner leurs propres modèles ou utiliser des modèles pré-formés, ajuster les variables et combiner les résultats en temps réel. Cette modularité transforme l'apprentissage automatique en une étape fluide du processus créatif, au même titre que le choix d'un pinceau ou d'une palette de couleurs.

Une autre classe transformatrice est l'ère du texte en image, qui a explosé avec la sortie de modèles comme DALL•E, Midjourney et Stable Diffusion. Ces modèles, développés à partir de vastes ensembles de données de paires image-légende, permettent aux artistes de générer des images très précises à partir de simples indications textuelles. Les implications pour la narration visuelle, l'esquisse conceptuelle et le design spéculatif sont considérables. Un artiste visuel peut désormais décrire une scène – « une ville futuriste flottant dans les nuages, peinte à la manière de Monet » – et obtenir un visuel généré par l'IA qui lui sert d'inspiration, de référence, voire de pièce finale.

Les appareils de conversion de texte en photo ne sont pas de simples assistants; ils agissent souvent comme co-imaginateurs. Ils demandent à l'artiste d'affiner ses suggestions, de réfléchir en termes linguistiques à des facteurs visuels et d'incarner l'imprévisibilité de la créativité numérique. Si ces systèmes ne perçoivent pas l'art comme les humains, leur capacité de juxtaposition, de variation et d'invention surréaliste produit régulièrement des effets surprenants et stimulants. La boucle itérative entre l'étincelle et le résultat final devient une nouvelle forme de coup de pinceau, fusionnant langage et vision.

Les artistes visuels travaillant dans le domaine de l'image et de l'imagerie numérique ont également trouvé un intérêt considérable dans les outils de retouche photo basés sur l'IA. Des applications comme Gigapixel AI de Topaz Labs, Neural Filters d'Adobe Photoshop et Luminar Neo offrent des fonctionnalités avancées de réduction du bruit, de retouche, d'affinement des visages, de remplacement du ciel et de génération d'images. Ces outils exploitent les connaissances approfondies des modèles, issues de vastes bases de données d'images, pour accomplir des tâches nécessitant une retouche manuelle minutieuse. D'un simple clic, un artiste peut améliorer une image basse résolution avec une netteté exceptionnelle, ou vieillir ou rajeunir subtilement un portrait avec un réalisme remarquable.

Dans le domaine de la segmentation d'images et de la détection d'objets, des outils comme Adobe Sensei, DeepArt et OpenCV AI Kit offrent aux artistes un contrôle précis des facteurs de composition. L'IA peut identifier et isoler des objets, des personnes ou des caractéristiques au sein d'une photo, permettant ainsi des collages, des calques et des superpositions complexes. Ceci est particulièrement utile dans les flux de travail de techniques mixtes et de peinture virtuelle, où les artistes intègrent souvent des éléments disparates dans des récits visuels cohérents.

Le transfert de style reste une autre application efficace de l'IA pour les artistes visuels. Initialement popularisé par les études de Gatys et al., le transfert de style permet d'appliquer l'esthétique d'une image (comme les coups de pinceau de Van Gogh ou les textures du cubisme) au contenu d'une autre photographie. Cette technique a été intégrée à des applications mobiles comme Prisma, ainsi qu'à des plateformes professionnelles comme DeepArt et Playform.io. Les artistes utilisent le transfert de style pour réinterpréter des photographies, des croquis ou même des vidéos à travers différents langages visuels, conduisant souvent à des motifs hybrides qui transcendent les courants artistiques traditionnels.

Pour les artistes intéressés par l'utilisation des données comme support, les outils de visualisation statistique entièrement basés sur l'IA offrent un potentiel créatif colossal. Des systèmes comme Processing, TouchDesigner et P5.Js permettent l'émergence de visuels génératifs alimentés par des données en temps réel: conditions météorologiques, intérêt pour les réseaux sociaux, suivi des mouvements ou retour biométrique. Associés à des modèles d'apprentissage automatique, ces systèmes peuvent détecter des tendances, des anomalies ou des rythmes qui échappent à la détection humaine. Les artistes peuvent exploiter cette capacité pour créer des installations dynamiques et réactives qui reflètent les flux cachés de nos environnements numériques et physiques.

L'intégration de l'IA dans la modélisation et l'animation 3D a également ouvert de nouvelles perspectives aux artistes visuels travaillant dans la sculpture, la conception de jeux, la réalité virtuelle et l'imagerie en mouvement. Des outils comme NVIDIA Omniverse, les extensions d'IA de Blender et les outils de conception générative d'Autodesk permettent la création procédurale de documents, le rigging intelligent d'utilisateurs, la génération de textures réalistes et même la simulation comportementale. L'IA peut proposer des optimisations structurelles, combler des lacunes dans les animations ou générer de nouvelles ressources à partir de quelques croquis ou gestes.

Dans les environnements de studio collaboratifs, l'IA est utilisée pour optimiser les flux de travail et générer des retours innovants. Des plateformes telles que Krita, Magenta Studio, ou même GitHub Copilot (adaptées au scripting visuel) aident les artistes en utilisant le code de finition automatique, en prédisant les sélections innovantes ou en faisant apparaître les références visuelles associées. Les systèmes d'IA peuvent agir comme des assistants intelligents, en suggérant des palettes de couleurs, en formulant des critiques de composition ou en détectant les incohérences d'attitude et d'éclairage.

L'une des tendances les plus prometteuses est l'émergence de structures IA locales, où l'œuvre d'art est totalement dynamique et évolue principalement en fonction des interactions du spectateur ou de statistiques externes. Des outils comme Artbreeder, GANPaint Studio et DeepDream permettent aux utilisateurs de contrôler les éléments visuels via des interfaces intuitives basées sur un mastering approfondi. Ces plateformes brouillent souvent la frontière entre création et curation, permettant aux artistes d'explorer des zones latentes où chaque mouvement, choix ou modification de paramètre produit un résultat visuel inédit.

De plus, l'IA démocratise l'accès à des outils innovants et sophistiqués. Pour les artistes émergents qui n'ont pas toujours accès à une formation standard ou à des outils coûteux, l'IA offre un moyen d'expérimenter, de prototyper et de publier des œuvres à un niveau professionnel. Les modèles open source, les plateformes gratuites et les dépôts collaboratifs comme Hugging Face, Google Colab et Papers with Code permettent aux artistes d'interagir avec les technologies d'IA de pointe sans avoir besoin de connaissances techniques approfondies.

Cependant, la prolifération des outils d'IA engendre également des situations complexes. La facilité et la rapidité avec lesquelles l'IA peut générer de superbes images peuvent également engendrer une dépendance excessive ou une complaisance créative. Les artistes doivent trouver le juste équilibre entre performance instrumentale et profondeur conceptuelle. Il existe également un risque d'homogénéisation, de nombreux créateurs utilisant les mêmes modèles et ensembles de données, ce qui conduit à une convergence des styles et des motifs visuels. Pour y remédier, certains artistes entraînent des modèles d'IA personnalisés sur des ensembles de données personnels, garantissant ainsi que leurs œuvres générées par l'IA reflètent une voix et une sensibilité distinctes.

Une autre considération cruciale est la paternité éthique. Lorsqu'ils utilisent des outils d'IA basés sur des corpus photographiques volumineux, souvent non organisés, les artistes doivent se pencher sur les questions d'originalité, de possession et d'impact. À qui appartient le résultat d'une version DALL•E basée sur des milliers de photos protégées par le droit d'auteur ? Les artistes doivent-ils exposer leur utilisation de l'IA dans des expositions ou des publications ? Ces questions restent ouvertes et nécessitent une communication soutenue au sein de la communauté artistique.

Enfin, le potentiel le plus prometteur des outils d'IA pour les artistes visuels ne réside pas dans l'alternance, mais dans le partenariat. L'IA peut servir de source d'inspiration, de provocateur, de réplique ou de critique. Elle peut surprendre, orienter et initier. Elle peut aborder des données visuelles massives et offrir à l'artiste des juxtapositions qu'il n'aurait peut-être jamais imaginées. Ainsi, la démarche innovante devient un dialogue, non seulement entre l'humain et la toile, mais aussi entre l'humain et le code, l'intuition et le calcul.

La boîte à outils de l'artiste visuel connaît une profonde transformation. L'IA n'est pas un appareil isolé, mais une constellation de structures interconnectées qui peuvent être personnalisées, optimisées et entraînées pour répondre aux besoins uniques de chaque esprit innovant. Qu'elle améliore les pratiques conventionnelles ou ouvre la voie à des genres inédits, l'IA est en passe de devenir un partenaire indispensable des arts visuels. Alors que les artistes continuent d'explorer ce nouveau territoire, la tâche – et l'opportunité – consiste à manier ces outils non seulement avec talent, mais aussi avec vision, éthique et créativité.

2.6. La démocratisation de l'art grâce à l'IA

L'intelligence artificielle a inauguré une nouvelle génération où la création artistique ne se limite plus aux artistes ayant suivi une formation traditionnelle ni à ceux ayant accès à des matériaux, des équipements ou une éducation formelle coûteux. La démocratisation de l'art grâce à l'IA fait référence à la manière dont l'apprentissage automatique et les technologies génératives ont élargi le champ des possibles pour créer, partager et consommer des œuvres d'art. Les outils d'IA sont de plus en plus utilisés par des personnes sans formation artistique classique pour produire des œuvres qui auraient autrefois nécessité des années de maîtrise technique. Cette évolution a des répercussions considérables sur la participation culturelle, l'inclusion créative et la définition même de l'art.

L'un des principaux moteurs de cette démocratisation est l'accessibilité des structures basées sur l'IA. Les réseaux antagonistes génératifs (GAN), les modèles de diffusion et les modèles de langage et d'images à grande échelle sont accessibles via des applications conviviales qui ne nécessitent aucun codage ni expérience créative préalable. Des services tels que DALL·E, Midjourney, Runway ML et Adobe Firefly permettent aux utilisateurs de générer des visuels exceptionnels à l'aide d'actions textuelles simples. Cela ouvre la voie à la participation à des approches créatives pour ceux qui pourraient autrement se sentir exclus des cercles artistiques traditionnels en raison de barrières socio-économiques, éducatives ou géographiques.

La facilité d'accès a entraîné une explosion du contenu artistique en ligne. Des millions d'utilisateurs expérimentent des images, des chansons et des textes générés par l'IA, créant ainsi des communautés qui partagent, remixent et s'inspirent mutuellement de leurs œuvres. Ces espaces numériques sont devenus des incubateurs de créativité où les pratiques artistiques collaboratives prospèrent et où les idées se diffusent de manière virale, sans l'influence des galeries, des musées ou des maisons d'édition. Des plateformes comme Artbreeder et NightCafe ont permis à des équipes de co-créer et de faire évoluer des œuvres au fil des ans, atténuant ainsi la distinction entre l'artiste et son public.

Ce vaste accès recoupe également les questions de représentation culturelle. L'IA permet aux personnes issues de groupes sous-représentés ou marginalisés d'exprimer leur identité, leurs expériences et leur histoire à travers des récits visuels. En permettant à un plus grand nombre de voix de contribuer au dialogue créatif mondial, l'IA favorise un environnement créatif plus pluraliste et inclusif. Ceci est particulièrement crucial dans un monde où l'art reflète souvent les récits dominants de ceux qui ont du pouvoir et des atouts.

Cependant, la démocratisation par l'IA n'est pas sans défis. Avec l'augmentation exponentielle du volume de contenu, la frontière entre innovation artistique et saturation s'estompera. On craint que la production massive d'images générées par l'IA ne dévalorise le travail artistique, ne marchandise la créativité ou n'inonde les espaces numériques d'œuvres répétitives et dérivées. De plus, l'accès ne garantit pas à lui seul l'équité. Les utilisateurs disposant d'un matériel plus performant, d'une meilleure infrastructure internet ou d'un accès à des outils par abonnement peuvent également conserver un avantage, ce qui soulève la question de savoir si l'IA modifie réellement les règles du jeu ou modifie véritablement l'axe des privilèges.

Un débat est également en cours autour de la propriété et de la paternité des œuvres d'art générées par l'IA. Si un utilisateur non formé crée une image captivante à l'aide d'un modèle pré-formé développé par une entreprise technologique, à qui appartient l'œuvre résultante ? Est-ce l'utilisateur, l'entreprise ou le collectif d'artistes dont les modèles ont été intégrés dans les données de formation ? Ces questions soulignent la nécessité de systèmes de propriété performants et actualisés, reconnaissant la nature collaborative et algorithmique de la créativité moderne.

Dans le milieu scolaire et auprès des jeunes, les outils d'IA contribuent à l'épanouissement de nouvelles générations de créateurs. Les écoliers utilisent des machines à photos IA pour créer des livres d'histoires, des collages numériques et des scènes animées. Pour beaucoup, ces expériences constituent leur première expérience d'auteur et de création artistique. Les enseignants et les associations utilisent également l'IA pour lever les barrières de l'éducation artistique, offrant ainsi des possibilités innovantes aux groupes défavorisés du monde entier.

Dans le monde économique, les entrepreneurs et les petites entreprises utilisent des œuvres d'art générées par l'IA pour la valorisation de leur marque, la conception de leurs produits, le marketing et la narration. Ce luxe aurait pu être prohibitif il y a seulement dix ans. La possibilité de prototyper et de diffuser rapidement des ressources visuelles ouvre de nouvelles perspectives aux créateurs émergents et bouleverse des secteurs autrefois dominés par de grands acteurs.

La démocratisation de l'art par l'IA est une transformation complexe et multiforme. Elle remet en question les idées reçues sur la créativité, l'accès et l'information. Elle donne du pouvoir aux individus tout en soulevant des questions éthiques et financières concernant la valeur, l'originalité et la paternité. En définitive, elle représente une transformation fondamentale du contenu culturel du XXIe siècle: l'art ne se limite plus aux institutions ou aux experts, mais est réimaginé comme un dialogue partagé et évolutif entre humains et machines intelligentes.

CHAPITRE 3

Intelligence artificielle et musique

3.1. L'impact de l'IA sur la créativité musicale

L'intersection entre l'intelligence artificielle (IA) et la musique représente une évolution profonde dans la connaissance et la production sonore. Pendant des siècles, la musique a été considérée comme une expression intrinsèquement humaine, une forme d'art profondément liée à l'émotion, à l'expérience et au contexte culturel. Cependant, avec l'essor de l'IA, les frontières entre la créativité humaine et l'art instrumental se sont estompées, remettant en question les notions traditionnelles de paternité, d'originalité et d'intensité émotionnelle. L'implication de l'IA dans la création musicale ne s'apparente pas à celle des systèmes musicaux existants; elle introduit de nouvelles façons de concevoir la composition, l'interprétation et l'appréciation de la musique, autant de façons de remodeler le concept même de créativité musicale.

L'un des moyens les plus efficaces par lesquels l'IA influence la créativité musicale est la composition algorithmique. L'application de modèles de maîtrise de dispositifs à de vastes ensembles de données d'œuvres musicales permet à l'IA de reconnaître et de reproduire les styles complexes qui sous-tendent la construction des mélodies, des harmonies et des rythmes. Ces algorithmes peuvent ensuite générer des compositions entièrement nouvelles, dépassant souvent les attentes humaines en termes de complexité et de forme. Alors que les premières tentatives de composition algorithmique visaient à imiter les styles de compositeurs ou de genres musicaux célèbres, les modèles d'IA actuels sont désormais capables de combiner plusieurs influences, créant des styles de musique hybrides qui ne s'intègrent pas facilement dans les catégories préexistantes.

L'influence de l'IA sur la composition est particulièrement évidente dans le domaine de la musique générative. L'IA peut désormais composer de manière autonome des morceaux de toutes pièces, en s'appuyant sur des réseaux neuronaux profonds, connaissant une grande variété de genres et de styles. Cela lui permet de créer des études musicales totalement inédites, affranchies des contraintes de la créativité humaine. Par exemple, l'IA peut composer une symphonie à la forme traditionnelle, mais utilisant des progressions d'accords non conventionnelles, ou créer une musique virtuelle repoussant les limites du rythme et de la mélodie selon des méthodes jusqu'alors inimaginables.

L'IA ne se contente pas de refléter les approches créatives humaines; elle repousse également les limites du possible musical. En produisant des chansons souvent imprévisibles et divergentes des systèmes conventionnels, l'IA oblige les musiciens à repenser la musicalité. Les combinaisons atypiques de sons et de formes produites par les modèles d'IA bousculent la définition même de l'harmonie, de la mélodie et du rythme. L'imprévisibilité de l'IA dans la composition favorise une forme d'expérimentation musicale contemporaine, où la créativité n'est plus limitée par les contraintes humaines.

Par exemple, la capacité de l'IA à générer des mélodies microtonales – des morceaux dont les périodes sont inférieures au demi-ton traditionnel – ouvre de nouvelles perspectives d'exploration des relations tonales. De même, l'IA peut intégrer l'aléatoire algorithmique à des tactiques permettant de créer une musique qui défie les attentes des grands noms, offrant ainsi aux musiciens une boîte à outils pour s'affranchir des composantes traditionnelles qui ont dominé la musique pendant des années. Ce faisant, l'IA deviendra un collaborateur, poussant l'artiste à repenser la création, la réalisation et l'interprétation d'un morceau.

Un débat important autour de l'intégration de l'IA dans la création musicale porte sur l'intensité émotionnelle. La musique est souvent considérée comme un langage émotionnel, un moyen par lequel les individus expriment des émotions de joie, de tristesse, de désir ou de triomphe. Les critiques de la musique générée par l'IA affirment que, même si les machines peuvent observer et reproduire les styles, elles ne peuvent pas pleinement reproduire ni restituer la nuance émotionnelle si fondamentale à l'expression musicale humaine. Certains pensent que la musique créée par l'IA pourrait manquer de l'âme ou de l'authenticité émotionnelle que les musiciens humains insufflent à leurs œuvres.

Certains voient cependant dans l'approche de l'IA face aux émotions une opportunité de redéfinir l'émotivité musicale. Plutôt que de considérer le manque d'expérience personnelle de l'IA comme un inconvénient, ils soutiennent que sa capacité à identifier une forme plus large d'expressions émotionnelles peut engendrer de nouvelles résonances émotionnelles. Par exemple, l'IA peut générer une musique oscillant entre des émotions contrastées avec une rapidité et une précision difficiles à reproduire pour les humains. Cela ne diminue pas nécessairement l'impact émotionnel de la musique, mais offre au contraire de nouvelles façons aux auditeurs d'interagir avec les fonctions émotionnelles du son.

De plus, les structures d'IA sont de plus en plus utilisées pour amplifier l'effet émotionnel de la musique en décryptant les réponses émotionnelles des auditeurs et en adaptant les compositions en conséquence. En suivant des données physiologiques telles que la fréquence cardiaque ou l'activité cérébrale, l'IA peut modifier des paramètres musicaux comme le tempo, la dynamique et l'instrumentation afin de susciter des états émotionnels précis chez l'auditeur. Cette interaction entre la musique générée par l'IA et les réponses émotionnelles humaines crée une nouvelle dynamique dans la personnalisation et l'expérience musicale.

Si le rôle de l'IA en tant que compositeur autonome est important, son véritable potentiel réside peut-être aussi dans son potentiel de collaboration. Les musiciens sont de plus en plus nombreux à se tourner vers l'IA non pas pour remplacer leur propre créativité, mais pour la stimuler. Les outils d'IA peuvent aider les artistes à surmonter leurs blocages créatifs, en présentant de nouvelles idées et variations qui n'auraient peut-être pas émergé avec les techniques traditionnelles. L'IA peut valider des progressions d'accords, générer des mélodies ou créer des structures harmoniques qui servent de base à des compositions humaines.

Dans cette version collaborative, l'IA joue le rôle de co-créateur, offrant une perspective exceptionnelle sur l'esprit musical. Plutôt que d'être perçue comme un substitut à l'art humain, l'IA devient un outil permettant d'enrichir l'approche révolutionnaire. Les musiciens peuvent utiliser les tissus générés par l'IA comme tremplin, explorer des variantes d'un sujet ou expérimenter de nouvelles textures auxquelles ils n'auraient peut-être pas pensé par eux-mêmes. Cette collaboration permet une approche innovante plus fluide et dynamique, où l'ingéniosité humaine et les possibilités offertes par les appareils cohabitent.

Ce partenariat entre musiciens et IA s'étend également aux performances live. Les systèmes pilotés par IA peuvent embellir les spectacles en direct en produisant des compositions en temps réel basées entièrement sur les retours du public, les éléments environnementaux ou les mouvements des artistes. Cette interaction entre IA et performance live crée une nouvelle forme de musique, interactive, réactive et en constante évolution.

La présence croissante de l'IA dans l'avènement de la musique soulève des questions morales et philosophiques cruciales. Si l'IA peut composer une musique indiscernable de celle créée par des humains, à qui appartiennent les droits sur la chanson ? L'IA est-elle la machine créatrice ou le programmeur humain qui a conçu l'appareil ? Ces questions soulèvent des questions plus profondes liées à la paternité, à la créativité et à la valeur du travail humain dans les arts. Alors que l'IA continue de jouer un rôle croissant dans les industries innovantes, il sera crucial de s'attaquer à ces problèmes et d'établir des cadres pour la propriété intellectuelle et la reconnaissance de la créativité dans un monde dominé par l'IA.

De plus, l'essor de l'IA dans la création musicale nous oblige à repenser la notion d'« innovation ». Si les machines peuvent créer des œuvres d'art, cela diminue-t-il le coût de la créativité humaine ? Ou élargit-il la définition même de la créativité pour englober les méthodes révolutionnaires de collaboration entre humains et machines ? Ces questions complexes façonnent l'avenir de la musique et des industries créatives au sens large dans les années à venir.

L'impact de l'IA sur la créativité musicale est évident: il offre de nouvelles possibilités passionnantes tout en soulevant des questions cruciales sur la nature de l'art et de l'expression humaine. Que l'IA soit considérée comme un outil, un collaborateur ou un auteur à part entière, il est clair que la relation entre l'intelligence artificielle et la musique est une transformation profonde. La capacité de l'IA à générer des compositions complexes et innovantes qui repoussent les limites des normes musicales a ouvert de nouveaux horizons créatifs, tout en remettant en question les notions traditionnelles d'intensité émotionnelle, de paternité et d'originalité. À mesure que l'IA évolue, elle façonnera l'avenir de la musique, offrant à la fois des opportunités et des défis aux artistes, au public et à la société dans son ensemble.

3.2. IA et production musicale

Le développement de l'intelligence artificielle (IA) a révolutionné de nombreux domaines, et la production musicale est l'un des domaines les plus touchés par cette technologie. L'IA est de plus en plus utilisée non plus comme un simple outil de composition, mais comme un co-auteur au sein même du processus de production. De la conception sonore au mixage, en passant par l'acquisition de données et l'interprétation, l'IA transforme chaque étape de la production musicale. Elle permet aux artistes, producteurs et ingénieurs de rationaliser leurs flux de travail, d'enrichir leur créativité et d'explorer de nouveaux territoires sonores.

Le format sonore est l'un des domaines où l'IA a fait des percées majeures, offrant de nouvelles possibilités de développement et de manipulation des sons. Dans la production musicale traditionnelle, la conception sonore est une méthode de référence, nécessitant l'expertise des producteurs et des ingénieurs pour créer et sculpter des sons de A à Z ou ajuster les sons existants. Avec l'IA, cependant, une grande partie de ce travail peut être informatisée, permettant une introduction plus rapide et plus écologique de sons uniques.

Les logiciels basés sur l'IA sont capables d'analyser l'audio et d'en identifier les styles. Ces outils peuvent ensuite appliquer des algorithmes complexes pour générer de nouveaux sons ou contrôler des sons existants selon des méthodes auparavant difficiles, voire impossibles. Par exemple, l'IA peut ajuster un motif audio pour créer des versions d'un son, générer de nouveaux timbres instrumentaux ou imiter le son d'unités acoustiques avec un haut niveau de réalisme. Ces outils exploitent l'apprentissage profond et les réseaux neuronaux pour « comprendre » les caractéristiques sonores de l'audio et étudier les modifications contextuellement applicables à la composition musicale concernée.

De plus, l'IA peut faciliter la manipulation sonore en temps réel, permettant aux musiciens et aux producteurs d'expérimenter le son selon des méthodes modernes. Certains systèmes d'IA sont conçus pour observer les choix et le style de l'artiste, s'adaptant à ses techniques et suggérant des modifications de disposition sonore qui embellissent la composition. Cela crée une interaction dynamique et collaborative entre la créativité humaine et l'innovation assistée par ordinateur.

Traditionnellement, l'association d'un morceau consiste à sélectionner et organiser différents instruments, sons et sections pour créer un ensemble cohérent. Cette méthode requiert souvent une expertise approfondie en conception musicale, orchestration et composition. L'IA est désormais capable de prendre en charge ce processus, en proposant des recommandations sur la manière de composer une musique, de choisir les instruments et d'équilibrer les points importants pour créer un arrangement harmonieux.

Les systèmes basés sur l'IA peuvent analyser un morceau de musique et fournir des conseils pour renforcer l'association en s'appuyant sur des connaissances musicales telles que le développement harmonique, le rythme et la forme. Ces outils peuvent également suggérer des options pour enrichir les sections, apportant ainsi de nouvelles connaissances que le producteur ou le compositeur n'aurait peut-être pas envisagées. Parfois, l'IA peut même générer des compositions complètes de A à Z, produisant ainsi des sonorités naturelles et cohérentes.

Dans le domaine de la musique numérique, le rôle de l'IA dans l'association est particulièrement évident. Les algorithmes génératifs peuvent créer des systèmes musicaux complexes et évolutifs en manipulant des boucles, des échantillons et des sons de synthétiseur. Ces systèmes d'IA sont capables de générer des arrangements qui évoluent au fil des ans, créant des compositions naturelles et dynamiques, sans intervention humaine constante.

Le mixage et l'apprentissage sont des étapes cruciales de la production musicale, où s'effectuent l'équilibre final et la finition d'un morceau. Traditionnellement, ces tâches requièrent le savoir-faire d'ingénieurs du son qui mettent à profit leurs compétences et leur expérience pour ajuster les niveaux, reproduire les effets et garantir un son cohérent et équilibré. L'IA est désormais utilisée pour automatiser nombre de ces processus, permettant aux producteurs de créer des mixages et des masters de qualité professionnelle avec un minimum d'efforts.

Un système de mixage optimisé par l'IA peut examiner chaque piste d'une composition et ajuster les plages de volume, les réglages d'égalisation, la compression et le panoramique pour optimiser le son global. Ces outils s'appuient sur des modèles de mastering approfondis, basés sur d'importantes bibliothèques de pistes mixées et masterisées par des professionnels, ce qui leur permet de faire des choix de mixage en fonction des exigences spécifiques d'une configuration sonore spécifique.

La capacité de l'IA à étudier des pistes récentes et à les adapter aux nouvelles compositions permet aux producteurs de réaliser des mixages exceptionnels en un temps record. Certains systèmes d'IA permettent également un retour d'information en temps réel, permettant aux producteurs d'effectuer des ajustements instantanés et d'écouter les résultats immédiatement. Ainsi, l'IA rend le mixage et l'apprentissage plus accessibles aux producteurs amateurs, tout en fournissant aux professionnels expérimentés des outils performants pour optimiser leurs flux de travail.

Le rôle de l'IA dans la production musicale ne se limite pas à l'automatisation des tâches techniques; il devient également un élément essentiel du processus collaboratif. Par le passé, la production musicale impliquait souvent une collaboration complexe entre plusieurs musiciens, producteurs et ingénieurs. Avec l'avènement de l'IA, ces collaborations se sont étendues aux machines, devenues des partenaires innovants.

Les outils d'IA peuvent désormais contribuer à de nombreux aspects de la collaboration, de la création de nouvelles idées musicales à la suggestion d'améliorations pour un morceau. Des assistants virtuels dotés d'IA peuvent collaborer avec les musiciens et les producteurs, leur fournissant des retours et des conseils en temps réel. Ces structures s'adaptent aux styles et aux opportunités des créateurs, proposant des idées en phase avec leur vision artistique tout en repoussant les limites de leurs propres idées.

Dans certains cas, les systèmes pilotés par l'IA peuvent même collaborer avec des artistes, créant des compositions en direct ou s'adaptant aux changements d'un concert. Par exemple, l'IA peut enregistrer les mouvements et les gestes des musiciens pendant une performance moyenne et utiliser ces données pour influencer le morceau en temps réel. Cela crée une expérience interactive et dynamique, où les musiciens et l'IA travaillent ensemble pour créer quelque chose de vraiment unique.

Alors que l'IA s'implique de plus en plus dans la production musicale, de nombreuses questions morales et philosophiques se posent. L'une des plus urgentes concerne la question de la paternité et de la propriété. Lorsqu'un dispositif d'IA génère un morceau, à qui appartiennent les droits sur ce morceau ? Est-ce l'humain qui a programmé l'IA, l'IA elle-même ou la plateforme qui a créé le logiciel ? Ces questions sont d'autant plus importantes que la musique générée par l'IA se généralisera dans l'industrie.

Un autre problème réside dans la capacité de l'IA à supplanter les producteurs et les musiciens humains. Si l'IA peut contribuer au processus de production, il existe néanmoins une perception selon laquelle la musique la plus significative et la plus émotionnellement résonnante nécessite un contact humain. La crainte est qu'à mesure que les systèmes d'IA gagnent en puissance, ils puissent prendre en charge des tâches traditionnellement réalisées par des spécialistes humains, ce qui entraînerait une perte d'emplois et une réduction du facteur humain dans la production musicale.

Parallèlement, l'IA a le potentiel de démocratiser la production musicale en rendant les outils professionnels plus accessibles à un public plus large. Les artistes et producteurs indépendants peuvent utiliser des logiciels basés sur l'IA pour créer des morceaux de qualité sans avoir recours à des équipements coûteux ni à des connaissances techniques. Cela ouvre de nouvelles perspectives de créativité et de collaboration, permettant aux artistes d'expérimenter de nouveaux sons et de nouvelles techniques de production auxquels ils n'auraient pas eu accès autrement.

À l'avenir, l'IA continuera de jouer un rôle majeur dans la production musicale. À mesure que les modèles d'IA progresseront, ils pourront offrir des perspectives encore plus nuancées et aider les musiciens, repoussant ainsi les limites de la créativité et de l'innovation. Le potentiel de l'IA à analyser et à générer de la musique favorisera probablement le développement de nouveaux genres et styles, ainsi que de nouvelles formes d'expression musicale. L'avenir de la production musicale pourrait également être défini par la symbiose entre créativité humaine et intelligence artificielle.

L'IA joue un rôle multiforme et transformateur dans la production musicale. De la conception et de l'association sonores au mixage, à l'apprentissage et à la création collaborative, l'IA transforme la manière dont la musique est produite, interprétée et partagée. À mesure que les outils d'IA gagnent en popularité, ils offrent aux musiciens et aux producteurs de nouvelles opportunités pour enrichir leurs techniques créatives, rationaliser les tâches techniques et explorer de nouvelles possibilités sonores. Si les défis liés à la paternité, à la propriété et à la place des personnes dans la création musicale persistent, la capacité de l'IA à révolutionner le secteur de la production musicale est indéniable. À l'avenir, la collaboration entre musiciens et IA promet d'ouvrir de nouvelles perspectives de créativité et d'innovation dans le monde de la production musicale.

3.3. La nouvelle ère musicale et l'IA

L'interaction entre l'intelligence artificielle (IA) et la musique a entraîné une transformation fondamentale dans la manière dont la musique est créée, exploitée et appréciée. L'évolution constante de l'IA ouvre une nouvelle ère de possibilités musicales, qui transcende les limites de la création musicale traditionnelle et ouvre de nouvelles perspectives de créativité et d'expression.

L'un des impacts les plus profonds de l'IA sur la musique réside dans sa capacité à créer et à contrôler les genres musicaux. Si la créativité humaine a longtemps été le moteur du développement des genres musicaux, l'IA joue désormais un rôle actif dans le façonnement des sons et des systèmes musicaux actuels. Grâce à des algorithmes d'apprentissage automatique, l'IA peut analyser de grandes quantités de données musicales, identifier des tendances et des modèles au sein de genres spécifiques et utiliser ces données pour générer de nouvelles compositions.

L'impact de l'IA sur les genres musicaux est particulièrement évident dans le domaine de la musique numérique, où les possibilités d'expérimentation sont quasi infinies. En exploitant le potentiel de l'IA pour synthétiser les sons et les manipuler en temps réel, les artistes peuvent repousser les limites des classifications musicales traditionnelles, en mélangeant des éléments issus de tendances musicales exceptionnelles et en créant de nouvelles formes hybrides. Par exemple, les algorithmes d'IA sont utilisés pour générer des paysages sonores complexes et évolutifs mêlant ambiance, techno et éléments expérimentaux, créant ainsi un nouveau style qui bouleverse la définition même de la musique.

De plus, l'IA permet l'essor de sous-genres qui n'auraient pas été possibles par la seule composition humaine. Capable de créer une musique mêlant de multiples influences, l'IA permet la création de formes musicales inédites, comme le jazz généré par l'IA ou des compositions classiques optimisées par l'IA. Ces nouveaux genres, bien qu'ancrés dans des principes musicaux traditionnels, remodèlent le paysage sonore et offrent aux auditeurs des expériences musicales innovantes et innovantes.

Si l'IA est sans aucun doute capable de produire de la musique par elle-même, l'un des aspects les plus intéressants de cette nouvelle ère musicale réside dans la capacité de collaboration entre l'IA et les musiciens. Loin de modifier la créativité humaine, l'IA agit comme un outil puissant qui enrichit et inspire les musiciens dans de nouvelles méthodes. Dans ce modèle collaboratif, l'IA joue un rôle de co-auteur, accompagnant l'artiste pour enrichir sa créativité et explorer de nouveaux territoires musicaux.

Les outils d'IA sont de plus en plus utilisés pour assister les musiciens dans la composition, l'affiliation et la production. Ces outils peuvent analyser le style d'un musicien, comprendre les schémas de ses chansons et suggérer des idées ou des alternatives novatrices que l'artiste n'aurait pas envisagées. Ainsi, l'IA deviendra un partenaire moderne, aidant à surmonter les blocages intellectuels et offrant des perspectives prometteuses sur la création musicale.

De plus, les structures pilotées par l'IA s'adaptent aux opportunités et aux styles changeants de l'artiste, en s'appuyant sur ses œuvres antérieures et en proposant des suggestions toujours plus personnalisées. Cela crée une relation dynamique où l'artiste et l'IA s'influencent et s'inspirent mutuellement en permanence, ce qui contribue à l'émergence d'une musique à la fois innovante et profondément personnelle.

La nouvelle ère musicale se caractérise également par la capacité de l'IA à générer de la musique en temps réel. Ceci est particulièrement pertinent pour les concerts, où l'IA peut s'adapter à l'environnement et au public cible en temps réel, créant une expérience interactive et dynamique. Les systèmes pilotés par l'IA sont désormais capables d'analyser les données en direct des musiciens, des appareils, voire du public, et d'utiliser ces données pour influencer la musique en direct.

La technologie de piste en temps réel permet une forme moderne de performance standard en direct, où les frontières entre compositeur, interprète et auditeur sont floues. L'IA peut réagir à la puissance du groupe, modifier le tempo, modifier l'harmonie ou même introduire de nouveaux éléments en fonction de la réaction émotionnelle du public cible. Cela crée une performance standard immersive et fluide, spécifique à chaque présentation et interaction, offrant une expérience musicale entièrement personnalisée.

Les capacités de l'IA dans les performances musicales en direct vont au-delà de l'adaptation à l'environnement; elles permettent également de créer de nouveaux types de création musicale interactive. Les musiciens peuvent désormais collaborer avec l'IA en temps réel, improviser et expérimenter de nouveaux sons et systèmes générés par l'analyse de l'IA lors de leurs performances. Ce niveau de collaboration en temps réel ouvre de nouvelles perspectives passionnantes pour les musiciens et le public, transformant le concert traditionnel en un événement plus participatif et innovant.

L'IA, en constante évolution, transforme également la façon dont la musique est écoutée. Les systèmes de streaming et les services de musique numérique exploitent l'IA pour proposer des conseils musicaux plus personnalisés et créer des analyses d'écoute sur mesure. Grâce à des algorithmes de maîtrise des appareils, l'IA peut analyser les préférences, le comportement et les historiques d'écoute d'un auditeur afin d'anticiper les morceaux qu'il sera susceptible d'écouter à l'avenir.

L'IA est également utilisée pour créer des playlists, des collections musicales personnalisées selon l'humeur, ou encore des morceaux spécialement adaptés à des sports ou des contextes spécifiques. Par exemple, l'IA peut générer des morceaux apaisants pour la méditation, des morceaux énergiques pour les séances d'entraînement ou des mélodies anciennes pour les séances d'examen. Ces enregistrements musicaux personnalisés améliorent notre façon d'interagir avec la musique, la rendant plus accessible et plus pertinente au quotidien.

De plus, l'IA contribue à réduire la distance entre les artistes et leurs auditeurs. En lisant les commentaires des auditeurs et leur engagement envers certains morceaux, l'IA peut aider les artistes à identifier les éléments de leurs chansons qui résonnent auprès de leur public cible. Cela permet aux musiciens d'affiner leur son, de tester de nouvelles idées et de tisser des liens plus étroits avec leurs fans.

L'essor de l'IA dans la musique n'est pas seulement une avancée technique; il s'inscrit dans une transformation plus large de l'organisation musicale elle-même. La manière dont la musique est créée, produite, distribuée et consommée est aujourd'hui une transformation profonde, et l'IA joue un rôle essentiel dans cette évolution.

Par le passé, l'industrie musicale était largement régie par des maisons de disques, des producteurs et une sélection d'artistes de renom. Cependant, avec la démocratisation de la production musicale grâce aux outils d'IA, les musiciens indépendants ont désormais accès aux mêmes opportunités créatives et aux mêmes capacités de production que leurs homologues. Cette évolution uniformise les règles du jeu, permettant l'émergence de voix plus diverses et de musiques contemporaines.

L'IA transforme également l'économie de l'industrie musicale. En automatisant les étapes de production musicale, elle réduit les coûts liés au développement et à la distribution des morceaux. Il est ainsi plus facile pour les artistes de produire des morceaux de qualité sans avoir recours à des studios ou à des équipements coûteux, ce qui est particulièrement utile pour les musiciens émergents et indépendants. Parallèlement, la capacité de l'IA à analyser les préférences et les caractéristiques du public permet un marketing et une distribution plus ciblés, aidant ainsi les artistes à attirer les auditeurs appropriés et à bâtir des carrières durables.

Alors que l'IA s'intègre de plus en plus à la production et à la consommation musicales, des questions morales et créatives se posent. L'un des plus importants est la question de la paternité. Lorsqu'une IA génère un morceau, à qui appartiennent les droits sur cette œuvre ? Est-ce l'IA elle-même, la personne qui a programmé l'appareil ou l'artiste qui a utilisé l'outil pour créer la chanson ? Ces questions bouleversent nos conceptions traditionnelles des ressources intellectuelles et de la créativité, et les réponses façonneront probablement l'avenir du droit de la musique et du droit d'auteur.

Un autre problème réside dans le potentiel de l'IA à homogénéiser la musique. Si l'IA peut aider les artistes à créer des compositions uniques et innovantes, on craint que son utilisation massive n'entraîne une perte de diversité au sein du morceau. Si tout le monde utilise les mêmes outils et algorithmes, la musique produite deviendra-t-elle trop similaire, perdant ainsi l'originalité et l'émotion humaine qui caractérisent une œuvre d'art de qualité ? Trouver un équilibre entre les avantages de l'IA et le besoin de diversité et d'originalité est l'un des défis majeurs de l'ère musicale moderne.

La nouvelle technologie musicale décrite par l'IA est considérée comme un lieu de créativité, d'innovation et de collaboration sans limites. L'IA transforme la façon dont les morceaux sont créés, réalisés et consommés, offrant des possibilités inédites aux musiciens comme aux auditeurs. De la technologie de la musique en temps réel à l'essor des nouveaux genres et à la consommation de morceaux par l'IA, les possibilités sont innombrables. Si les conditions traumatisantes liées à la paternité, à la créativité et à l'homogénéisation persistent, l'avenir de la musique est complexe, l'IA jouant un rôle précieux dans la construction de la future faillite de la musique. La collaboration entre artistes humains et IA promet de donner naissance à une nouvelle génération de musique aussi diversifiée, dynamique et révolutionnaire que la génération qui la propulse.

3.4. Composition algorithmique et musique générative

L'intersection de l'intelligence artificielle et de la musique a donné naissance à un tout nouveau paradigme de créativité sonore, où algorithmes, réseaux neuronaux et structures génératives redéfinissent la fonction traditionnelle du compositeur. La composition algorithmique et la mélodie générative ne sont pas de simples innovations ou outils d'expérimentation; elles constituent un changement dans la manière dont la musique est conçue, structurée et vécue. Au cœur de ce changement se trouve une question essentielle: les machines peuvent-elles créer une musique avec un but, une émotion et une originalité, ou se contentent-elles de refléter les styles que nous leur insufflons ?

La composition algorithmique désigne la manière d'utiliser des politiques formelles, des modèles mathématiques ou du code informatique pour générer de la musique. Cette pratique remonte à des siècles, bien avant l'avènement de l'IA. J.S. Bach lui-même était connu pour appliquer des permutations et des stratégies systématiques dans ses compositions. Au XXe siècle, des compositeurs comme Iannis Xenakis et John Cage ont utilisé des méthodes stochastiques et des opérations de risque pour éliminer les biais humains de l'acte créatif. Cependant, l'émergence du calcul virtuel a introduit de nouveaux niveaux de complexité et de contrôle, permettant aux compositeurs d'encoder des pensées musicales dans des instructions programmables.

Dans le contexte moderne, la composition algorithmique s'est développée pour offrir un riche panorama de créativité assistée par ordinateur. Les systèmes traditionnels basés sur des règles ont été enrichis par l'utilisation de modèles d'acquisition de connaissances informatiques capables de reconnaître des échantillons, d'imiter des styles, voire d'improviser. Par exemple, les chaînes de Markov étaient autrefois largement utilisées pour modéliser les transitions musicales de manière probabiliste. Aujourd'hui, les réseaux neuronaux, associés aux architectures LSTM (Long Short Term Memory) et Transformer, analysent de vastes corpus de chansons existantes pour générer de nouvelles compositions reproduisant les nuances stylistiques et la cohérence thématique.

La chanson générative, quant à elle, est un morceau en constante évolution et généralement non répétitif, créé à l'aide d'un système fonctionnant selon un ensemble de paramètres définis, mais produisant des résultats spécifiques à chaque fois. Brian Eno, pionnier de la chanson générative, la décrit comme « une mélodie créée au moyen d'un appareil ». Ses œuvres ambiantes, telles que Music for Airports, utilisent la boucle, la superposition et les interactions algorithmiques pour créer des compositions qui évoluent subtilement au fil des ans. Avec l'IA, la musique générative est devenue beaucoup plus complexe. Les systèmes d'IA peuvent désormais composer en temps réel, en fonction des données environnementales, des interactions avec l'utilisateur ou de flux statistiques aléatoires.

L'une des tendances les plus convaincantes dans ce domaine est l'utilisation de modèles génératifs profonds tels que les auto-encodeurs variationnels (VAE) et les réseaux antagonistes génératifs (GAN). Ces modèles peuvent apprendre des représentations latentes de formes et de styles musicaux, leur permettant d'interpoler entre les genres, d'inventer des documents hybrides ou de générer des compositions évoluant avec une fluidité quasi organique. Le projet Magenta de Google, par exemple, a lancé de nombreux outils comme MusicVAE et NSynth qui repoussent les limites du possible en matière de son généré par ordinateur.

Les possibilités créatives de la composition algorithmique sont immenses. L'IA peut analyser les chorals de Bach, les improvisations jazz ou les chansons pop les plus innovantes et en extraire des modèles statistiques d'harmonie, de rythme et de forme. Ces modèles peuvent être recombinés pour créer des pièces inédites, conservant une constance stylistique tout en explorant des territoires inexplorés. Des systèmes comme MuseNet d'OpenAI ou Flow Machines de Sony ont démontré leur capacité à générer des compositions multi-instrumentales dans divers genres — des symphonies classiques aux hymnes EDM — tout en s'adaptant aux paramètres et contraintes définis par l'utilisateur.

Pourtant, la composition musicale algorithmique ne se résume pas à une simple reproduction du style humain. Utilisée de manière créative, l'IA devient un collaborateur plutôt qu'un simple imitateur. Les compositeurs peuvent interagir avec des systèmes génératifs en temps réel et piloter le résultat de la machine grâce à l'improvisation guidée. Des outils comme Amper Music ou AIVA permettent aux musiciens de définir l'ambiance, le tempo et l'instrumentation tout en déléguant la composition sous-jacente à un moteur d'IA. Le résultat final est une forme de co-création où l'intuition humaine et la précision des appareils fonctionnent en tandem.

De plus, les systèmes de pistes génératives ont permis de créer des ensembles uniques allant au-delà de la composition traditionnelle. Dans les jeux vidéo et la réalité virtuelle, les paysages sonores pilotés par l'IA s'ajustent dynamiquement en fonction du comportement des joueurs ou des changements environnementaux, créant des enregistrements sonores immersifs impossibles à précomposer. Dans les contextes thérapeutiques, la piste générative est utilisée pour créer des environnements sonores adaptatifs pour la méditation, l'amélioration du sommeil ou le soutien à la santé mentale. L'IA pouvant réagir à des données biométriques telles que la fréquence cardiaque ou le niveau de stress, elle permet une personnalisation en temps réel des pistes.

Une autre application remarquable est observée dans les performances live. Des artistes comme Holly Herndon, Taryn Southern et YACHT ont intégré des éléments générés par l'IA à leurs productions musicales et à leurs concerts. Certains collaborent avec des réseaux neuronaux pour générer des paroles, des harmonies ou des textures vocales. D'autres laissent l'IA composer des sections entières de chansons ou suggérer des versions structurelles. Ces performances brouillent la frontière entre l'action humaine et l'action machine, incitant le public à reconsidérer la définition de la paternité musicale.

Malgré les progrès, la composition algorithmique reste confrontée à de nombreux défis créatifs et philosophiques.

L'un d'eux est la perception de l'authenticité. Une musique générée par un algorithme peut-elle véritablement véhiculer une profondeur émotionnelle, ou s'agit-il d'un simple pastiche, une imitation puissante et dénuée d'âme ? Les critiques affirment que, sans intention humaine, la musique est dépourvue de la motivation intrinsèque qui lui donne son sens. Les partisans rétorquent que la musique générée par l'IA affiche les choix intégrés à sa structure, et que cette fonction peut être partagée entre l'auteur et la machine.

Un autre problème réside dans l'opacité des modèles d'apprentissage des appareils. Lorsqu'une IA compose une mélodie, il est souvent difficile de décrypter le raisonnement derrière des morceaux précis. Ce problème de « boîte noire » complique le processus d'analyse, d'édition ou de peaufinage. Les musiciens peuvent également se retrouver dépassés par la quantité de production ou incapables d'imposer des arcs narratifs précis. Par conséquent, l'intérêt pour le développement de structures d'IA plus explicables, permettant une interaction plus profonde avec le système générateur, est croissant.

La dimension éthique est également essentielle. À qui appartiennent les droits d'auteur des morceaux composés par l'IA ? Est-ce le programmeur qui a construit l'ensemble des règles, l'utilisateur qui saisit les paramètres, ou l'IA elle-même (qui, juridiquement, n'a pas de personnalité) ? Ces questions deviennent de plus en plus pressantes à mesure que les morceaux générés par l'IA apparaissent sur les plateformes de streaming et dans les médias professionnels. Les cadres juridiques peinent à suivre le rythme des changements technologiques, laissant les créateurs et les consommateurs dans une zone grise.

Néanmoins, la composition algorithmique a déjà transformé notre façon de considérer la créativité musicale. Elle démocratise l'accès à la composition, permettant aux non-musiciens de s'essayer à la création musicale. Elle repousse les limites de ce qui peut être composé, introduisant des structures microtonales, des rythmes non humains et des timbres jusqu'alors inexplorés. Elle remet en question le monopole de la créativité humaine, révélant de nouveaux modes de jouissance esthétique, ni fondamentalement humains ni totalement artificiels.

Dans les années à venir, nous assisterons probablement à une intégration encore plus poussée de l'IA dans le processus musical. Les partitions génératives en temps réel, les collaborateurs IA intégrés aux stations audionumériques (DAW) et les moteurs de musique personnalisés évoluant avec les auditeurs pourraient également devenir monnaie courante. Grâce à une meilleure compréhension sémantique de la musique et des émotions, les modèles d'IA pourront composer des morceaux reproduisant des états mentaux ou des arcs narratifs spécifiques.

L'avenir le plus fascinant réside peut-être dans l'hybridation. En combinant l'IA avec des interfaces cerveau-ordinateur, le biofeedback ou des algorithmes évolutifs, les artistes peuvent développer des systèmes qui non seulement répondent aux apports humains, mais évoluent avec eux, développant ainsi une intelligence musicale reflétant le style personnel, l'évolution émotionnelle et la conscience contextuelle. Dans cette expérience, le compositeur algorithmique ne se substitue pas à l'artiste humain, mais devient une extension de sa créativité.

La composition algorithmique et la chanson générative marquent une transformation non seulement des mécanismes de création musicale, mais aussi de l'ontologie même de la musique. Elles nous invitent à repenser l'origine de la créativité, la manière dont se manifeste l'intention et la manière de se concentrer à l'ère de l'art numérique. Comme pour toute évolution technologique profonde, les résultats sont aussi philosophiques que pratiques, et leur véritable signification ne se révèle que dans la musique à venir.

3.5. L'IA dans les performances musicales en direct et les expériences interactives

L'intégration de l'intelligence artificielle dans les performances musicales en direct et les analyses interactives marque une évolution révolutionnaire dans la façon dont le public interagit avec le son, le rythme et la présence créative.

Bien au-delà du studio, l'IA transforme de plus en plus les concerts, les festivals, les productions théâtrales et les événements multimédias immersifs, créant des paysages musicaux dynamiques, adaptatifs et souvent imprévisibles qui s'adaptent en temps réel aux interprètes, au public et aux facteurs environnementaux.

Historiquement, la musique live est un domaine exclusivement humain: un moment de créativité spontanée, de changement émotionnel et de partage. Les musiciens interprètent les notes, improvisent et communiquent avec le public par des signaux subtils, tandis que les auditeurs réagissent et co-créent l'ambiance. L'introduction de l'IA dans ce domaine étend ces interactions à de nouvelles dimensions. Les systèmes d'IA peuvent analyser, générer et modifier la musique instantanément, interagir avec les gestes des interprètes ou leurs données biométriques, et même influencer l'ambiance et suivre le rythme d'une performance en fonction des réactions du public.

L'une des applications les plus remarquables de l'IA en live réside dans l'utilisation d'assistants d'improvisation pilotés par des appareils. Ces structures écoutent la contribution d'un musicien – qu'il s'agisse d'un riff de guitare, d'un motif de piano ou d'une parole vocale – et génèrent en temps réel du contenu complémentaire ou contrasté. Des projets comme Magenta Studio de Google et des outils comme IBM Watson Beat ont été utilisés par des artistes pour co-créer des performances live où l'humain et l'IA dialoguent musicalement. Ce duo homme-machine enrichit les possibilités d'improvisation et remet en question les notions conventionnelles de création solo.

De plus, les systèmes d'IA sont capables de maîtriser le style et les caractéristiques de chaque interprète au fil des ans, adaptant leurs contributions à la voix et à la logique spécifiques de l'artiste. Cela crée un collaborateur IA personnalisé, capable de choisir des morceaux, de suggérer de nouvelles instructions ou de combler des lacunes, devenant ainsi un membre invisible du groupe ou un co-compositeur sur scène.

Les récits interactifs sont également révolutionnés par la reconnaissance gestuelle et les technologies de reconnaissance biométrique. Des capteurs surveillant les mouvements, les expressions faciales, le rythme cardiaque ou l'activité cérébrale peuvent alimenter des modèles d'IA en statistiques qui ajustent la musique en conséquence. Par exemple, l'intensité des mouvements d'un danseur peut influencer le tempo ou la texture d'une bande-son live, ou l' état émotionnel d'un artiste, détecté par des signaux physiologiques, peut ajuster les progressions harmoniques. Cela crée une boucle de commentaires où la musique et le mouvement sont intimement liés, générant des performances fidèles au moment et aux individus.

La synthèse visuelle et audio pilotée par l'IA complète ces performances en permettant un éclairage réactif, un mapping vidéo et des paysages sonores spatiaux qui s'adaptent en temps réel. Ces interactions multimodales plongent le public dans des environnements synesthésiques où la vue, l'ouïe et même le contact répondent de manière dynamique à l'artiste et au public. Par exemple, lors des performances live d'artistes comme Holly Herndon et Arca, les structures d'IA manipulent les harmonies vocales et génèrent des textures complexes qui évoluent tout au long de la performance, brouillant ainsi la frontière entre expression humaine et augmentation artificielle.

Dans le cadre de compétitions, l'IA a été sollicitée pour élaborer les setlists et les transitions en fonction des enregistrements d'engagement du public, des conditions météorologiques et de l'acoustique de la salle. Cela garantit une expérience fluide et personnalisée pour les spectateurs, renforçant l'impact émotionnel et le rythme. Certaines activités expérimentales incluent des zones de musique génératrices pilotées par l'IA, où les participants influencent les paysages sonores ambiants par le mouvement ou la voix, favorisant ainsi la créativité participative.

Les performances en réalité virtuelle (RV) et en réalité augmentée (RA) alimentées par l'IA repoussent encore les limites de l'écoute en direct. Dans ces environnements immersifs, des personnages IA peuvent jouer aux côtés de musiciens humains, répondre aux interactions des utilisateurs ou ajuster les compositions en fonction des choix des participants. Cela crée des performances interactives en direct où le public passe du statut de spectateur passif à celui de co-créateur actif. Des plateformes comme TheWaveVR permettent aux utilisateurs du monde entier d'assister à des spectacles numériques où l'IA enrichit les paysages visuels et sonores en temps réel, facilitant ainsi un nouveau type de réseau musical mondial et interactif.

Le rôle de l'IA dans la musique live ne se limite pas à la production sonore; il s'étend également à l'évaluation et aux commentaires des performances. Les analyses en temps réel fournissent aux musiciens des informations sur le timing, la justesse et la réaction du public cible, permettant des ajustements instantanés et une meilleure expression créative. Cette utilisation de l'IA comme instructeur ou assistant enrichit le talent humain et pourrait contribuer à des performances live plus abouties et plus percutantes.

Cependant, ces améliorations soulèvent également des questions sur l'authenticité et la précision humaine des performances live. Les puristes pourraient arguer que la musique et les interactions générées par l'IA diluent la spontanéité et l'intensité émotionnelle qui caractérisent Stay Track. Pourtant, de nombreux artistes et publics incarnent la synergie entre la créativité humaine et le pouvoir génératif de l'IA comme une frontière intéressante qui élargit plutôt qu'elle ne diminue les possibilités d'expression.

D'un point de vue éthique, l'utilisation de données biométriques et comportementales lors de spectacles en direct exige une attention particulière à la confidentialité, au consentement et à la sécurité des données. Un dialogue transparent avec le public et les artistes sur la manière dont les informations sont collectées et utilisées est essentiel pour garantir l'authenticité et l'admiration.

À l'avenir, à mesure que la technologie de l'IA se perfectionnera, nous nous attendrons à des récits musicaux live de plus en plus complexes et immersifs. Les performances hybrides où l'IA improvise aux côtés de musiciens humains, les environnements adaptatifs qui répondent aux états émotionnels collectifs et les structures interactives reliant les publics physiques et virtuels sont en passe de devenir des éléments incontournables du paysage musical.

L'IA, utilisée dans les études interactives et de suivi, redéfinit le spectacle vivant comme un environnement vivant, un espace de négociation permanente entre l'instinct humain et la créativité algorithmique, l'interprète et le public, la génération et la tradition. Cette synthèse émergente promet d'enrichir nos vies culturelles et de transformer nos interactions sonores.

CHAPITRE 4

Littérature et paternité avec l'IA

4.1. L'essor de la littérature grâce à l'intelligence artificielle

Alors que l'intelligence artificielle (IA) révolutionne le monde technologique, la littérature, l'une des formes d'art les plus traditionnelles, est elle aussi en pleine mutation. L'interaction entre IA et littérature ne se résume pas à une simple intégration technologique; elle implique également une refonte du langage, de la créativité et des formes narratives. Cette interaction ne se limite pas à dynamiser le processus de création textuelle, mais peut également transformer la nature même du métier d'écrivain. L'essor de la littérature grâce à l'intelligence artificielle a atteint un niveau considérable avec le développement d'outils d'écriture basés sur l'IA et l'évolution des méthodes de production littéraire.

L'IA est devenue un élément essentiel du style littéraire révolutionnaire. Lorsqu'ils créent une nouvelle, qu'elle soit singulière ou courte, les auteurs s'efforcent consciemment de produire des textes significatifs, percutants et authentiques. Cependant, l'IA peut adopter une approche plus systématique et créer du contenu grâce à la lecture de grands ensembles de données. En maîtrisant les structures du langage, l'IA peut aider les auteurs à rester fidèles aux principes fondamentaux de la littérature. De plus, l'intelligence artificielle peut proposer des mots, des systèmes ou des contextes que les auteurs humains ignorent, agissant ainsi comme un outil complémentaire à la créativité.

L'essor de la littérature grâce à l'IA ne se limite pas à un simple changement dans le processus d'écriture; c'est un phénomène qui transforme également la réflexion créative. L'IA peut enrichir des sujets, des personnages et des intrigues spécifiques. Par exemple, un logiciel d'IA peut générer des personnages, des dialogues ou des intrigues inédits, destinés à être utilisés dans l'œuvre d'un auteur. Ce faisant, il pourrait inspirer les auteurs ou propulser leur réflexion vers de nouveaux sommets.

De nombreuses applications d'IA utilisent des algorithmes de traitement du langage naturel et des connaissances approfondies pour comprendre et générer le langage humain. Ces programmes analysent les textes écrits par les auteurs, analysent leurs styles et leurs structures linguistiques, puis produisent leurs propres textes. Cependant, ces textes ne se limitent pas à l'ère du contenu; ils proposent également une nouvelle approche de l'esthétique du langage. L'IA peut remodeler l'esthétique du langage en remodelant les systèmes narratifs traditionnels, la profondeur des personnages et les intrigues.

L'écriture assistée par l'IA permet de compléter la narration et d'atteindre des niveaux littéraires autrefois difficiles à atteindre. Par exemple, l'IA peut accélérer la création d'un contenu original, rationaliser le contenu écrit et aider les auteurs à surmonter leurs blocages créatifs. Parallèlement, l'IA peut proposer de nouvelles stratégies stylistiques, en suggérant des approches brillantes pour des émotions, des sujets et des tendances spécifiques. Grâce à ses capacités, l'IA peut offrir aux auteurs des solutions pour explorer de nouvelles frontières créatives.

En littérature, l'intelligence artificielle est un outil permettant de repousser les limites de l'écriture créative. Elle peut ouvrir de nouvelles voies que les auteurs humains n'auraient pas envisagées, améliorant la technique et inspirant l'avènement de récits à la fois progressistes et attrayants. Les œuvres générées par l'IA peuvent également repousser les limites et ouvrir de nouvelles perspectives dans le monde littéraire, transformant ainsi la manière dont les auteurs abordent leur art.

Par ailleurs, l'utilisation de l'IA en littérature soulève diverses questions morales. La reconnaissance de l'IA comme auteur légitime, l'originalité du contenu créé et les frontières entre les auteurs humains et l'IA font toujours l'objet de débats. Ces questions doivent être abordées pour mieux comprendre la place de l'intelligence artificielle dans les arts modernes et l'avenir de l'écriture.

L'écriture assistée par l'IA a ouvert de nouvelles perspectives aux écrivains, leur offrant un compagnon moderne qui complète leurs compétences. À mesure que l'IA progresse, on s'attend à ce qu'elle joue un rôle de plus en plus important dans l'avenir de la littérature. En lisant des faits complexes, l'IA peut contribuer à la création d'œuvres de fiction plus variées et à l'exploration de formes d'expression jusqu'alors inexplorées. L'évolution des relations entre l'IA et la littérature recèle un potentiel considérable pour transformer la manière dont les souvenirs sont racontés, qui les raconte et à qui ils sont destinés.

Cette collaboration entre l'IA et les auteurs humains n'est pas seulement une alliance entre technologie et créativité: c'est un partenariat qui pourrait redéfinir les limites de l'imagination. Grâce à la capacité de l'IA à analyser les schémas linguistiques et à analyser de vastes volumes de textes, les auteurs ont accès à une source de pensée et de créativité ultramoderne. L'essor de la littérature grâce à l'IA ne modifie donc pas vraiment la créativité humaine, mais l'améliore, ouvrant la voie à un paysage littéraire plus complexe et dynamique.

Avec l'évolution constante de l'IA, l'avenir de la littérature promet d'être plus diversifié et progressiste que jamais. L'essor des outils d'écriture assistés par l'IA ouvre de nouvelles perspectives, tant pour les auteurs confirmés que pour ceux qui découvrent le monde de l'écriture littéraire. Grâce à cette collaboration, l'IA et les auteurs peuvent collaborer pour repousser les limites de l'imagination et créer des histoires plus captivantes, plus vraies que nature et plus stimulantes.

4.2. Contributions de l'IA à l'écriture de romans

L'intégration de l'intelligence artificielle (IA) dans l'écriture romanesque ne se résume pas à automatiser des tâches ou à accélérer le processus. Elle représente plutôt un changement de paradigme dans la manière dont les romans sont conçus, écrits et même compris. En exploitant la puissance de l'apprentissage automatique, de l'apprentissage profond et du traitement automatique du langage (TALN), l'IA a commencé à contribuer à l'écriture romanesque d'une manière jusqu'alors inimaginable. Sa capacité à soutenir et à enrichir cette approche innovante a suscité à la fois enthousiasme et scepticisme au sein du réseau littéraire.

L'un des principaux apports de l'IA à l'écriture romanesque réside dans son rôle d'outil de production intellectuelle, de développement d'intrigues et de soutien à la création personnelle. Les auteurs sont souvent confrontés au syndrome de la page blanche ou à une perte de notions. Les structures d'IA, capables de traiter de grandes quantités d'informations, peuvent fluidifier l'esprit en utilisant des schémas de lecture dans des récits, des thèmes et des tropes littéraires à succès. Par exemple, l'IA peut proposer des intrigues de qualité en connaissant les conventions de style, la structure de l'intrigue et les arcs narratifs. Ces conseils peuvent servir de point de départ aux auteurs, leur fournissant une base à partir de laquelle ils pourront créer des récits plus complexes et plus nuancés.

Le rôle de l'IA dans la création d'intrigues est particulièrement utile lors du brainstorming ou pour surmonter les obstacles. Les outils d'IA, notamment ceux basés sur des modèles GPT ou d'autres processeurs de langage naturel, sont capables de générer des chapitres, des paragraphes ou des dialogues entiers à partir d'un point de départ donné. Les auteurs peuvent saisir un bref aperçu d'une histoire, et l'IA le transforme en une intrigue plus complète et plus intense. Ce type d'assistance permet de gagner du temps et de développer la réflexion, permettant à l'auteur de se concentrer davantage sur l'affinement et le développement de ses idées plutôt que sur les premières étapes de l'introduction de l'intrigue.

L'introduction des personnages est un autre domaine où l'IA peut être extrêmement utile. Développer des personnages polyvalents et plausibles est sans doute l'un des aspects les plus complexes de l'écriture romanesque. L'IA peut aider à suggérer des tendances, des antécédents, des motivations ou même des schémas de langage individuels uniques. En analysant de vastes ensembles de données sur le comportement humain, les types d'auteurs et les profils mentaux, l'IA peut suggérer de nouveaux personnages aux personnalités complexes, souvent difficiles à créer pour un auteur seul. Ces personnages générés par l'IA peuvent présenter des modèles que les auteurs peuvent modifier ou développer, ajoutant ainsi intensité et authenticité à leurs souvenirs.

Au-delà du développement de l'intrigue et des personnages, l'IA peut également intervenir sur les aspects stylistiques et techniques de l'écriture. Par exemple, les outils d'IA peuvent aider les auteurs à peaufiner leur écriture en leur fournissant des conseils sur la forme des phrases, la grammaire et le vocabulaire. Ces outils sont fréquemment utilisés par les auteurs pour améliorer la lisibilité et la clarté, mais ils peuvent également encourager l'expérimentation stylistique. Les programmes pilotés par l'IA peuvent suggérer des phraséologies alternatives ou des stratégies pour susciter des émotions, ce qui peut inciter les auteurs à sortir de leurs habitudes. Dans cette expérience, l'IA agit comme un éditeur numérique qui améliore la production créative d'un auteur en lui offrant de nouvelles possibilités d'expression.

De plus, l'IA peut analyser la structure des romans et commenter le rythme, le ton et la fluidité narrative. Elle peut déterminer si un récit maintient une tension constante, si le développement personnel suit une progression logique et si le rythme est adapté au style. La capacité de l'IA à traiter de vastes volumes d'informations lui permet d'identifier des schémas narratifs efficaces dans des approches qui pourraient ne pas être évidentes pour les auteurs humains. Cette approche analytique permet aux auteurs d'embellir leur œuvre en mettant en évidence les zones nécessitant des ajustements ou des développements.

Un autre apport essentiel de l'IA à l'écriture romanesque réside dans son potentiel de contribution à la construction d'un monde. Pour des genres comme la fiction technologique et la mythologie, la construction d'un monde est un élément essentiel de la stratégie de création. L'IA peut aider les auteurs à créer des mondes complexes en suggérant des données environnementales, des systèmes sociaux, des langues et des systèmes technologiques communs à l'univers fictif. En analysant les statistiques des mondes fictifs existants, l'IA peut suggérer des éléments novateurs qui correspondent à la vision de l'auteur et peuvent embellir l'atmosphère du lieu.

Outre ces contributions concrètes, l'IA révolutionne également notre conception de la paternité et de l'originalité. Son utilisation dans une approche révolutionnaire soulève des questions sur ce qui constitue l'originalité en littérature. Si l'IA peut générer du texte, elle le fait exclusivement à partir de styles, de règles et de faits issus d'œuvres existantes. Ce recours à des statistiques pré-modernes remet en question les notions conventionnelles d'originalité progressive. Une œuvre entièrement unique créée par l'IA peut-elle être considérée comme une véritable œuvre d'auteur, ou s'agit-il simplement d'une agrégation de pensées actuelles ? Ces questions deviendront probablement plus complexes à mesure que le rôle de l'IA dans l'écriture continuera de s'accroître.

Malgré les contributions modernes de l'IA à l'écriture romanesque, sa capacité à dévaloriser l'écrivain humain soulève des questions. Certains critiques affirment que les textes générés par l'IA pourraient également manquer de l'intensité, de la résonance émotionnelle et de la perspective précise propres à l'expérience humaine. Les auteurs humains apportent à leurs œuvres une vision personnelle, des récits vécus et un contexte culturel que l'IA ne peut reproduire. La touche humaine – notre capacité à insuffler nos émotions, nos valeurs et nos complexités à une histoire – est quelque chose que l'IA, aussi avancée soit-elle, ne peut pratiquement pas imiter. Si l'IA peut contribuer à la création de contenu, le cœur de la narration réside dans la créativité humaine.

La contribution de l'IA à l'écriture romanesque ne consiste pas uniquement à remplacer les auteurs, mais plutôt à enrichir leurs compétences. Les auteurs peuvent exploiter l'IA comme un outil innovant pour explorer de nouvelles possibilités narratives, se libérer du blocage de l'auteur et enrichir les personnages et les intrigues, pour qu'ils soient riches et variés. À mesure que les outils d'IA deviennent plus modernes, ils continueront d'offrir aux auteurs un soutien précieux, rendant le processus d'écriture plus intuitif et beaucoup moins intimidant. L'avenir de l'écriture romanesque repose donc sur la collaboration entre les auteurs humains et l'intelligence artificielle, où ces deux entités travaillent ensemble pour créer des témoignages captivants, inspirants et stimulants.

L'essor de l'IA dans l'écriture romanesque offre aux auteurs des possibilités passionnantes d'expérimenter, d'innover et de repousser les limites du possible en matière de narration. Si l'intégration de l'IA à l'écriture soulève des questions éthiques et philosophiques cruciales, elle ouvre également de nouvelles voies à la créativité et à l'expression créative. À mesure que la technologie évolue, nous constatons que l'avenir de l'écriture romanesque ne se limite pas à l'esprit humain ou à la machine, mais à leur collaboration pour façonner un nouveau paysage littéraire. Le rôle de l'IA dans l'élaboration des romans d'aujourd'hui n'en est qu'à ses débuts, et son impact sur la littérature pourrait être profond et durable.

4.3. L'intelligence artificielle et l'avenir de la littérature

Alors que l'intelligence artificielle (IA) continue de s'adapter, ses implications pour l'avenir de la littérature se révèlent de plus en plus profondes. La convergence de l'IA et du monde littéraire est sur le point de transformer non seulement la manière d'écrire, mais aussi notre façon de concevoir la créativité, l'écriture et la narration elle-même. L'avenir de la littérature, stimulé par l'IA, soulève des questions complexes sur les limites de la créativité humaine, le rôle de la génération dans l'expression créative et la manière dont ces forces façonneront les récits de demain.

Fondamentalement, l'IA offre aux écrivains et aux créateurs une formidable opportunité de s'engager dans de nouvelles formes de production littéraire. Les outils d'IA peuvent aider les auteurs à développer leur esprit, à structurer des intrigues, à développer des personnages ou même à expérimenter le langage dans les techniques actuelles. Cependant, l'impact direct de l'IA sur la création littéraire va au-delà d'une simple assistance. L'IA pourrait également devenir co-auteur du processus littéraire, ouvrant ainsi de nouvelles perspectives de collaboration entre auteurs humains et intelligence artificielle. Cette alliance entre l'imagination humaine et les capacités de calcul de l'IA a le potentiel de redéfinir les frontières de l'art littéraire.

L'une des stratégies clés par lesquelles l'IA façonnera l'avenir de la littérature consiste à permettre le développement de comptes rendus de lecture extrêmement personnalisés. À mesure que la technologie de l'IA progressera, elle sera capable d'adapter les souvenirs aux choix des personnages, créant des récits dynamiques qui s'adaptent aux réactions émotionnelles, aux choix et aux centres d'intérêt du lecteur. Ce degré de personnalisation devrait redéfinir la manière dont les histoires sont racontées, offrant aux lecteurs une expérience interactive et immersive dépassant les limites traditionnelles de la narration linéaire. La littérature, portée par l'IA, doit évoluer vers un média attrayant et adaptatif où le lecteur joue un rôle actif au cours du récit, offrant une expérience plus participative qui évolue à chaque interaction.

La capacité à générer d'énormes quantités de contenu est une autre caractéristique du potentiel de l'IA dans le monde littéraire. Entraînés à partir de vastes ensembles de données textuelles, les systèmes d'IA peuvent produire des récits cohérents en une fraction du temps nécessaire à un auteur humain. Cette capacité à générer des souvenirs à grande échelle devrait avoir des répercussions considérables pour des secteurs comme l'édition, où la demande de contenu dépasse souvent l'offre. L'IA devrait contribuer à la production de livres, d'articles et de différents types de contenu écrit, démocratisant potentiellement la technique d'écriture et rendant la littérature plus accessible à un public plus large. Cependant, cette évolution pourrait également aggraver les problèmes de surproduction de contenu et de dilution de l'excellence, car les œuvres générées par l'IA pourraient manquer de la profondeur et de la résonance émotionnelle que l'on trouve habituellement dans les textes d'auteurs humains.

Au-delà de la création de contenu, l'IA peut influencer la manière dont la littérature est consommée. L'essor des structures et des outils d'apprentissage virtuels basés sur l'IA devrait conduire à une narration plus immersive et interactive. L'IA doit adapter l'expérience de lecture aux goûts de chacun, en ajustant le rythme, le ton ou encore le style de langage utilisé en fonction des préférences du lecteur. Par exemple, l'IA peut également proposer aux lecteurs des versions alternatives d'une histoire en fonction de leurs réactions aux chapitres précédents, créant ainsi une expérience plus personnalisée et plus attrayante. Cela pourrait également se développer dans les livres audio, où les voix générées par l'IA peuvent s'adapter aux émotions de l'histoire, renforçant ainsi le lien de l'auditeur avec le récit.

L'impact de l'IA sur la littérature ne se limite pas à la production de contenu; il façonnera également notre façon de comprendre et d'analyser les souvenirs. Les algorithmes d'apprentissage automatique peuvent être utilisés pour analyser l'important corpus littéraire disponible, en identifiant les styles de structures narratives, les sujets et les choix stylistiques. L'IA peut aider les chercheurs en littérature à analyser en profondeur les textes, offrant ainsi un aperçu des stratégies d'évolution de la littérature au fil des ans et de la manière dont elle reflète les changements sociaux, politiques et culturels. Les outils pilotés par l'IA pourraient également révolutionner la critique littéraire en proposant une approche plus statistique et intentionnelle de la lecture des œuvres littéraires, facilitant ainsi la découverte de nouvelles interprétations et perspectives qui seraient autrement négligées.

De plus, l'IA peut également contribuer à la préservation et à l'accessibilité des œuvres littéraires. En numérisant et en indexant de grandes quantités de documents écrits, elle peut contribuer à la création de bibliothèques numériques permettant aux lecteurs d'accéder à des textes d'époques, de régions et de cultures spécifiques. Les systèmes de traduction alimentés par l'IA faciliteront l'accès aux œuvres littéraires dans différentes langues, augmentant ainsi la richesse des récits du monde entier. Cette transformation numérique permettra également de préserver des textes rares et historiques, garantissant ainsi aux générations futures l'accès à des trésors culturels qui pourraient autrement être perdus.

Malgré ces tendances prometteuses, l'intégration de l'IA dans le monde littéraire soulève des questions morales et philosophiques cruciales. L'une des préoccupations les plus urgentes est la question de la paternité et de l'originalité. Si l'IA est responsable de la production de contenu, à qui appartiennent les droits sur l'œuvre ? Est-ce la machine, le programmeur ou l'acheteur qui est à l'origine de l'idée initiale ? Ces questions alimenteront probablement les discussions sur les ressources intellectuelles de l'avenir de la littérature. De plus, à mesure que l'IA s'impliquera davantage dans le processus créatif, des questions sur l'individu même de la créativité surgiront. Un outil peut-il simplement être révolutionnaire ou imite-t-il purement et simplement les styles qu'il a appris des créateurs ? Que signifie pour une œuvre littéraire d'être

« authentique » si elle est le fruit d'un ensemble de règles plutôt que d'un esprit humain ?

Un autre scénario majeur concerne la capacité de l'IA à perpétuer des biais dans la littérature. Les structures d'IA sont formées à partir de données contemporaines, susceptibles de refléter les biais présents dans la société dont elles sont issues. Par conséquent, la littérature générée par l'IA peut également reproduire involontairement ces biais, renforçant des stéréotypes néfastes ou discréditant les voix marginalisées. Ce défi souligne la nécessité d'un développement et d'une supervision responsables de l'IA dans les industries innovantes, afin de garantir que les outils d'IA soient conçus pour promouvoir la diversité, l'équité et l'inclusion dans les mémoires qu'ils génèrent.

L'avenir de la littérature, façonné par l'IA, nous invite également à reconsidérer la place de l'auteur. Dans un monde où les machines peuvent contribuer à la création de récits, la notion traditionnelle d'auteur solitaire pourrait être remise en question. Les écrivains peuvent désormais collaborer avec l'IA, utilisant la technologie comme un outil pour explorer de nouvelles idées et repousser les limites de leur créativité. Cette évolution pourrait également redéfinir la notion d'auteur, transformant l'auteur, d'auteur unique, en coauteur, travaillant aux côtés de l'appareil pour créer de nouvelles formes d'expression littéraire.

L' avenir de la littérature à l'ère de l'IA est fait de promesses et d'incertitudes. Si l'IA a le pouvoir de révolutionner la narration, la rendant plus personnalisée, accessible et moderne, elle soulève également d'importantes questions sur la paternité, l'originalité et les préjugés. Face à l'évolution constante de l'IA, il sera crucial pour les écrivains, les étudiants et les experts du secteur de gérer ces situations stressantes avec discernement, en veillant à ce que la technologie complète, au lieu de réduire, le monde riche et diversifié de la littérature. Ainsi, l'avenir de la littérature sera une fusion entre créativité humaine et intelligence artificielle, une collaboration qui ouvrira de nouvelles perspectives et de nouvelles aires géographiques de narration pour les générations futures.

4.4. L'IA dans les applications poétiques et scénaristiques

L'introduction de l'intelligence artificielle dans les domaines de la poésie et de l'écriture de scénarios marque une faillite transformatrice de la créativité littéraire, où les algorithmes servent désormais non seulement d'outils, mais aussi de collaborateurs et de co-auteurs. Historiquement, la poésie et l'écriture de scénarios se sont fortement appuyées sur l'instinct humain, l'intensité émotionnelle et le contexte culturel pour éveiller le sens, le drame et la beauté. Aujourd'hui, les systèmes d'IA sont de plus en plus capables de produire des vers et des paroles, d'explorer des structures narratives et même d'apporter des éléments thématiques, bousculant ainsi les notions traditionnelles de paternité, d'originalité et de processus créatif lui-même.

Au cœur du rôle de l'IA dans les programmes de poésie et d'écriture de scénarios se trouve le traitement automatique du langage naturel (TALN), une branche de l'IA spécialisée dans la connaissance, la production et la manipulation du langage humain. Les avancées dans les modèles de langage massif (MLM), notamment la collection GPT d'OpenAI, BERT de Google et d'autres, ont considérablement amélioré le potentiel des machines à générer du texte cohérent, contextuellement pertinent et stylistiquement diversifié. Ces modèles sont formés à de vastes corpus littéraires, dialogiques et poétiques, ce qui leur permet d'imiter des modèles allant des sonnets classiques aux scénarios contemporains.

En poésie, les structures d'IA peuvent produire des vers qui adhèrent à des structures formelles comme les sonnets, les haïkus ou les vers libres, tout en expérimentant avec la métrique, la rime et l'imagerie. Des projets comme PoemPortraits de Google et le mode créatif d'AI Dungeon démontrent comment l'IA peut créer des poèmes évocateurs, parfois surréalistes, qui suscitent de fortes émotions. Ces systèmes allient souvent créativité linguistique et apprentissage statistique, recombinant des phrases et produisant des métaphores qui étonnent même les poètes chevronnés.

L'une des applications les plus prometteuses est le développement de l'IA comme partenaire innovant. Plutôt que de recourir à une technologie poétique entièrement automatisée, de nombreux poètes utilisent désormais l'IA pour surmonter le blocage de l'auteur, générer des brouillons ou inspirer de nouveaux sujets. En saisissant des suggestions, des mots-clés ou des lignes partielles, les poètes dialoguent avec l'IA, affinant leurs productions et injectant une sensibilité personnelle. Cette approche hybride améliore la productivité et élargit les horizons créatifs sans altérer la créativité humaine.

En scénarisation, les outils d'IA contribuent à l'amélioration de l'intrigue, à la communication individuelle et à la composition des scènes. La capacité à générer un discours plausible et contextuellement pertinent est ici essentielle. Par exemple, des logiciels d'IA comme ScriptBook analysent les récits des scénarios pour prédire l'engagement du public et le succès commercial, tandis que d'autres, comme Plotagon et Scriptonite, permettent aux utilisateurs de co-créer des scénarios grâce à des instructions textuelles générées par l'IA.

De plus, l'IA peut contribuer à la structuration des arcs narratifs en identifiant les temps forts du récit et en suggérant des progressions potentielles basées entièrement sur les conventions stylistiques. Les outils intégrant des grammaires narratives et des bases de données d'intrigues aident les auteurs à préserver la cohérence et l'anxiété dramatique, en particulier dans les scénarios complexes impliquant plusieurs personnages et intrigues secondaires.

Les programmes de narration interactive exploitent l'IA pour créer des récits dynamiques et ramifiés, dans lesquels les choix des joueurs influencent l'histoire en temps réel. C'est particulièrement vrai dans les jeux vidéo et les films interactifs, où les points de communication et d'intrigue générés par l'IA s'adaptent aux choix des joueurs, créant ainsi des récits personnalisés. De telles structures brouillent la frontière entre écriture scénarisée et improvisation, positionnant l'IA à la fois comme scénariste et réalisatrice.

Au-delà de ses fonctionnalités, l'IA ouvre de nouvelles perspectives esthétiques. Certains scripts générés par l'IA s'appuient sur des jeux de langage, des récits non linéaires et des genres hybrides, repoussant ainsi les limites de la narration conventionnelle. En étudiant et en recombinant d'énormes ensembles de données, l'IA peut proposer des interactions inattendues entre hommes et femmes ou des rebondissements narratifs qui s'aventurent dans les codes traditionnels et inspirent les auteurs à explorer des territoires innovants et prometteurs.

Cependant, l'intégration de l'IA à la poésie et à l'écriture de scénarios soulève d'importantes questions quant à la paternité et à l'originalité. Si une IA génère un poème ou un scénario en se basant uniquement sur des statistiques littéraires existantes, quel est le volume des retombées ? Qui détient les droits de propriété intellectuelle: le développeur de l'IA, le consommateur qui a généré le texte, ou aucun des deux ? Ces dilemmes juridiques et éthiques évoluent néanmoins au rythme des avancées technologiques.

Une autre tâche est la sensibilité contextuelle et culturelle du contenu textuel généré par l'IA. Bien que les modèles maîtrisent parfaitement la langue, ils peuvent produire par inadvertance du contenu biaisé, stéréotypé ou insensible, reflétant les préjugés présents dans leurs connaissances scolaires. Une utilisation responsable de l'IA dans les programmes littéraires exige une sélection rigoureuse, une supervision humaine et un perfectionnement continu pour garantir des résultats éthiques et respectueux.

De plus, la faible maîtrise par l'IA des nuances émotionnelles et du sous-texte demeure un obstacle. L'écriture poétique et dramatique repose souvent sur la subtilité, l'ironie et l'ambiguïté, des traits difficiles à coder algorithmiquement. Si l'IA peut imiter ces fonctions dans une certaine mesure, elle reproduit rarement la profondeur de l'expérience et de la perspicacité humaines qui sous-tendent une littérature remarquable.

Malgré ces obstacles, les contributions de l'IA aux domaines poétique et scénaristique sont déjà profondes et en pleine expansion. Les projets collaboratifs entre auteurs et IA ont donné lieu à la publication d'anthologies, de films expérimentaux et de performances explorant l'interaction entre logique systémique et imagination humaine. Ces œuvres invitent le public à réfléchir à la nature de la créativité, à la fonction de la génération dans les modes de vie et au destin de la narration.

Les établissements d'enseignement intègrent également des outils d'écriture basés sur l'IA pour aider les étudiants à maîtriser la structure narrative, les techniques poétiques et les techniques d'écriture créative. En proposant des commentaires instantanés et en produisant des exemples, l'IA peut enrichir la pédagogie littéraire et inspirer les nouvelles générations d'écrivains.

L'IA, intégrée aux logiciels de poésie et de scénarisation, représente une fusion fascinante entre création et art. Elle élargit les possibilités créatives, démocratise l'accès à la production littéraire et suscite un débat critique sur l'évolution de la paternité et de l'originalité. À mesure que l'IA progressera, elle ne modernisera plus les poètes et dramaturges humains, mais deviendra un compagnon essentiel, capable de remettre en question, d'enrichir et de renforcer l'art éternel du récit.

4.5. Génération narrative et narration avec l'IA

L'art du récit est un pilier de la sous-culture humaine. Il façonne l'identité, véhicule des valeurs et crée un sens commun à travers les générations. Traditionnellement, raconter des histoires est une activité intrinsèquement humaine: un acte de créativité, d'empathie et de savoir-faire. Cependant, avec l'essor de l'intelligence artificielle, la génération narrative évolue vers un domaine où les machines non seulement aident, mais participent activement à la création et à la mise en forme des témoignages. La génération narrative et la narration basées sur l'IA représentent une transformation profonde du paysage créatif, alliant ingéniosité humaine et puissance de calcul pour redéfinir la manière dont les histoires sont conçues, construites et racontées.

Au cœur de la narration par IA se trouve la capacité de générer des séquences de texte cohérentes et contextuellement pertinentes, simulant la structure narrative humaine. Cette capacité repose essentiellement sur les avancées du traitement automatique du langage naturel (TALN) et des modèles de langage massif (MLM), ainsi que sur la collection GPT d'OpenAI, LaMDA de Google et d'autres. Ces modèles s'appuient sur de vastes ensembles de données comprenant des textes, des scripts, des conversations, etc., ce qui leur permet d'anticiper et de produire des suites possibles d'un récit à partir d'actions initiales.

L'un des aspects les plus convaincants de la génération narrative par l'IA réside dans la narration interactive. Contrairement aux récits statiques, les histoires interactives permettent au public de piloter l'intrigue, les choix des joueurs et leurs conséquences, créant ainsi des récits personnalisés. L'IA permet à ces systèmes de s'adapter dynamiquement, produisant de nouveaux contenus narratifs en réaction aux choix des joueurs, augmentant ainsi la variété et l'intensité des arcs narratifs possibles au-delà des systèmes traditionnels de ramification. Les jeux, le théâtre immersif et les romans numériques intègrent de plus en plus l'IA pour préserver la cohérence narrative tout en favorisant une variation illimitée pilotée par les joueurs.

L'ère narrative assistée par l'IA assiste également les auteurs dans l'amélioration et l'idéation de leurs histoires. En créant de multiples intrigues, contextes personnels ou options de dialogue, l'IA agit comme un partenaire créatif qui permet de surmonter le blocage de l'auteur et stimule l'originalité. Des outils comme Sudowrite et Jasper fournissent aux auteurs des lignes directrices, des extensions ou des réécritures, leur permettant de trouver rapidement des pistes narratives intéressantes. Cette approche collaborative exploite la connaissance des modèles de l'IA pour compléter la vision de l'auteur, créant ainsi une narration plus riche et plus diversifiée.

De plus, les structures d'IA peuvent analyser les témoignages actuels pour identifier des archétypes, des problématiques et des systèmes courants. Ces connaissances méta-narratives leur permettent de générer des récits qui adhèrent, subvertissent ou remixent les conventions narratives classiques – qu'il s'agisse d'aventures héroïques, de tragédies ou de comédies. Ces systèmes peuvent générer des récits sur mesure pour des genres, des ambiances ou des publics spécifiques, permettant ainsi la création de contenus hautement personnalisés pour le divertissement, l'éducation ou la publicité.

L'IA générative ouvre également de nouvelles perspectives en matière de narration transmédia, où les récits se diffusent sur plusieurs plateformes – livres, films, jeux vidéo, réseaux sociaux – grâce à l'IA qui contribue à assurer la cohérence et l'interconnectivité. L'IA peut générer du contenu supplémentaire, des extraits de discours ou des récits historiques, enrichissant ainsi le récit international et captivant les publics de manière plus approfondie et diversifiée.

Dans le domaine de la narration personnalisée, l'IA exploite les statistiques des consommateurs, notamment leurs choix, leur comportement ou leur état émotionnel, pour créer des témoignages qui résonnent au niveau individuel. Cela trouve des applications dans les domaines de l'éducation, de la thérapie et du divertissement. Par exemple, les programmes de narration thérapeutique utilisent l'IA pour générer des récits qui aident les utilisateurs à aborder leurs émotions ou leurs histoires, tandis que les plateformes éducatives peuvent adapter la complexité ou le contenu des récits au niveau de l'apprenant.

Malgré ces avancées, des situations complexes persistent. Maintenir la cohérence narrative et la profondeur émotionnelle de longs textes générés par l'IA reste complexe. Si les modèles d'IA excellent dans la cohérence locale (transitions de type « phrase pour condamner »), ils peinent souvent à gérer les arcs narratifs globaux, la cohérence thématique et le développement personnel qui se déroule de manière cohérente sur de longs récits. Les chercheurs explorent des approches telles que la modélisation hiérarchique, l'apprentissage par renforcement et les réseaux à mémoire augmentée pour résoudre ces problèmes.

Des préoccupations éthiques émergent également concernant la paternité et l'originalité des récits générés par l'IA. Si un récit est généré par un algorithme entraîné à partir de grandes quantités de contenu créé par l'homme, des questions se posent quant au plagiat, au droit d'auteur et aux implications culturelles de la narration informatisée. Le risque de désinformation générée par l'IA ou de manipulation par le biais de récits fabriqués souligne encore davantage la nécessité d'une surveillance prudente.

De plus, le manque d'empathie authentique et d'expérience vécue chez l'IA fait que, même si les machines peuvent simuler des émotions par le langage, elles ne possèdent plus de véritable connaissance émotionnelle. Ce manque peut donner lieu à des récits stéréotypés ou émotionnellement creux sans intervention éditoriale humaine.

Néanmoins, la fusion de l'IA et de la narration enrichit l'environnement innovant. Elle offre aux conteurs de puissants outils d'idéation, de développement et d'engagement du public, tout en offrant à ces derniers des expériences narratives inédites, interactives et personnalisées. À mesure que l'IA continue de s'adapter, nous pourrions assister à l'émergence de nouveaux écrits et genres littéraires: des créations hybrides alliant technologie algorithmique et art humain.

La génération narrative et la narration grâce à l'IA constituent à la fois une réussite technologique et une révolution culturelle. En alliant la capacité informatique à traiter et à produire le langage à la pression humaine constante d'informer les témoignages, l'IA repousse les limites de l'introduction narrative. Elle nous invite à repenser la nature des souvenirs, leurs sources et la manière dont ils façonnent notre compréhension du monde. À mesure que ce domaine mûrit, la collaboration entre l'imagination humaine et l'intelligence artificielle promet de repousser les frontières de la créativité et de la connexion.

4.6. L'évolution des styles littéraires grâce à l'IA

La littérature est une forme d'art vivante, en constante évolution au gré des changements culturels, sociaux et technologiques. Tout au long de l'histoire, de nouveaux modèles littéraires ont émergé en réponse aux mutations du langage, de la philosophie et des médias, des métaphores ornées du romantisme aux récits fragmentés du modernisme. Dans les technologies modernes, l'intelligence artificielle (IA) joue un rôle de plus en plus important dans la conception et la transformation des modèles littéraires, offrant des outils extraordinaires qui surmontent les obstacles traditionnels et favorisent de nouvelles expressions.

Au cœur de la littérature, la mode englobe l'utilisation spécifique du langage, notamment la syntaxe, la diction, le ton, le rythme et les techniques narratives. La capacité de l'IA à analyser et reproduire les schémas stylistiques avec une précision exceptionnelle a ouvert de nouvelles perspectives d'expérimentation et d'innovation. Les grands modèles linguistiques (MLL), développés sur des corpus littéraires diversifiés, peuvent imiter la prose d'auteurs classiques, reproduire des rythmes poétiques ou inventer des styles hybrides mêlant plusieurs influences. Cette capacité a de profondes implications sur la façon dont les écrivains abordent le style et sur l'évolution de la littérature elle-même.

L'une des premières influences de l'IA sur la mode littéraire est la renaissance et la réinterprétation de styles historiques. En s'appuyant sur des textes d'auteurs ou d'époques précises, l'IA peut produire de la prose ou de la poésie à la manière de Shakespeare, Jane Austen ou James Joyce. Ces productions ne se limitent plus à rendre hommage, mais permettent également aux écrivains contemporains d'explorer les conventions stylistiques avec un regard neuf, en réinterprétant des éléments classiques dans des contextes contemporains. Cette interaction enrichit la sous-culture littéraire en créant des passerelles et des dons grâce à la médiation algorithmique.

L'IA permet également le développement de modèles expérimentaux qui repoussent les limites linguistiques et structurelles. Par exemple, les modèles génératifs peuvent produire des textes non linéaires, fragmentés ou en flux d'attention qui bousculent les attentes du lecteur. Ils peuvent gérer la syntaxe selon des approches non conventionnelles, inventer des néologismes ou mélanger les genres, fusionnant poésie et prose, récit et code, ou réalisme et surréalisme. Ces avancées amplifient la palette de l'expression littéraire, invitant les écrivains à dépasser les limites de la bureaucratie conventionnelle.

L'utilisation de l'IA dans l'écriture collaborative a également contribué à l'évolution stylistique. Les auteurs, aux côtés de l'IA, interagissent dans des échanges dynamiques, incitant le système à générer des formulations ou des juxtapositions conceptuelles surprenantes. Cette méthode dialogique stimule la prise de risques créatifs et favorise des modèles hybrides qui intègrent l'instinct humain à la nouveauté générée par le système. De telles collaborations ont donné naissance à des œuvres publiées qui illustrent l'émergence de voix littéraires façonnées en partie par l'influence algorithmique.

De plus, les outils d'IA favorisent le développement de styles personnalisés. En étudiant le travail d'un auteur, l'IA peut identifier les tendances stylistiques caractéristiques et proposer des améliorations ou des alternatives. Cette boucle de commentaires permet aux auteurs d'affiner leur style, d'expérimenter de nouvelles techniques ou de surmonter des obstacles innovants. Ainsi, le style littéraire devient un phénomène plus fluide et adaptatif, façonné en permanence par l'interaction avec des systèmes intelligents.

La démocratisation du style est un autre impact majeur de l'IA. Les écrivains émergents sans formation formelle peuvent accéder à des outils d'IA pour produire des textes en prose ou poétiques soignés, contournant ainsi les mécanismes traditionnels de contrôle. Cela élargit le spectre des voix et des processus stylistiques dans la littérature moderne, favorisant une plus grande diversité et une plus grande inclusion. À mesure que davantage de personnes interagissent avec la création littéraire, de nouveaux styles, reflétant des origines et des points de vue culturels variés, émergent.

Cependant, l'évolution des styles littéraires grâce à l'IA soulève également des questions importantes. Le risque d'homogénéisation est réel: si de nombreux créateurs s'appuient sur les mêmes modèles d'IA formés à partir d'ensembles de données qui se chevauchent, leurs productions peuvent également converger stylistiquement, entraînant une réduction de la diversité. Pour contrer ce phénomène, un apprentissage personnalisé sur des ensembles de données spécifiques ou privés devient essentiel afin de préserver l'authenticité des voix.

L'authenticité et la profondeur émotionnelle des styles créés par l'IA sont également des sujets de discussion. Si l'IA peut reproduire des capacités stylistiques superficielles, elle manque de plaisir vécu et de conscience émotionnelle. Par conséquent, certains critiques affirment que les modèles générés par l'IA peuvent également manquer de la subtilité, de l'ironie ou de la complexité qui caractérisent la littérature profonde. L'intervention éditoriale humaine reste essentielle pour insuffler au texte généré des nuances significatives.

De plus, les considérations morales concernant la paternité et les biens intellectuels prennent de l'importance à mesure que l'IA joue un rôle croissant dans la conception de la mode. Déterminer la source et la propriété des œuvres créées grâce à l'IA remet en question les cadres juridiques et les normes culturelles actuels, suscitant ainsi un débat permanent au sein du réseau littéraire.

Outre le texte, l'impact de l'IA s'étend aux styles littéraires multimodaux, où le contenu textuel interagit avec le son, les images et l'interactivité. L'IA permet l'introduction de fictions hypertextuelles, de poésie enrichie par l'audio et de récits interactifs dont le style évolue en fonction des interventions de l'utilisateur. Ces formes hybrides constituent une nouvelle frontière dans l'évolution littéraire, mêlant narration traditionnelle et technologies émergentes.

À l'avenir, l'évolution des styles littéraires grâce à l'IA promet de s'accélérer à mesure que les modèles gagnent en sophistication, capables d'une expertise sémantique plus approfondie et d'une résonance émotionnelle. Les progrès de l'IA explicable peuvent également permettre aux auteurs d'utiliser des tactiques génératives de manière plus transparente, favorisant ainsi un meilleur contrôle stylistique et une plus grande innovation.

L'IA n'est pas un simple outil de reproduction, mais un agent actif de l'évolution constante du style littéraire. En permettant le renouveau, l'expérimentation, la collaboration et la démocratisation, l'IA transforme la manière dont la littérature est écrite, étudiée et comprise. Cette transformation invite à la fois au plaisir et à la réflexion, tandis que l'humanité explore de nouveaux horizons artistiques forgés par la synergie de la créativité humaine et de l'intelligence artificielle.

CHAPITRE 5

L'avenir de l'art: l'IA et l'humain

5.1. Le facteur humain dans l'art de l'IA

Le rôle croissant de l'IA dans la création artistique a suscité à la fois plaisir et scepticisme au sein du réseau progressiste. L'interaction entre les artistes humains et l'IA redéfinit la méthode de création, les machines offrant de nouveaux outils, techniques et possibilités. Cependant, la précision humaine reste fondamentale dans l'entreprise artistique, garantissant que la technique conserve sens, intensité et résonance émotionnelle. Si l'IA peut également générer des styles d'expression, c'est la précision humaine qui confère à ces créations toute leur importance.

Les algorithmes d'IA excellent dans la reconnaissance de modèles, le traitement d'énormes quantités de données et la production de résultats à la fois réalistes et fantastiques. Les machines peuvent produire des images, de la musique, de la littérature et diverses formes d'art avec une sophistication croissante. Pourtant, derrière chaque œuvre d'art créée par l'IA se cache une influence humaine, de la conception des algorithmes à la conservation des données utilisées pour entraîner le système. Les humains sont responsables de la définition des paramètres de fonctionnement du système, et sans cette supervision, l'IA pourrait ne pas être en mesure de produire des œuvres significatives.

Bien que les machines puissent refléter des schémas techniques et des documents esthétiques, elles sont dépourvues des évaluations vécues, des sentiments et des compréhensions culturelles qui définissent la créativité humaine. L'expérience personnelle de l'artiste, son intensité émotionnelle et sa réaction au monde offrent des niveaux de signification que l'IA ne peut reproduire. Si une machine à IA peut créer un portrait exceptionnel ou une composition symphonique, elle le fait sans le contexte sous-jacent de l'expérience humaine qui confère à l'art sa capacité à créer des liens, à susciter des idées ou à inciter à l'action.

Cet impact humain devient particulièrement important lorsque l'IA est utilisée pour explorer de nouveaux territoires innovants. Dans ce cas, l'artiste n'utilise plus l'IA comme un outil pour créer des systèmes de dons internes, mais l'utilise pour explorer des idées novatrices et expérimentales. L'IA devient alors non seulement un médium, mais aussi un collaborateur, un acteur actif du processus de découverte créative. Les obstacles à la créativité se multiplient à mesure que l'humain maîtrise l'outil selon des approches qui auraient été impossibles dans les pratiques artistiques traditionnelles. C'est dans ce partenariat que naissent les œuvres d'art les plus innovantes et expérimentales.

Le débat autour de la paternité et de l'originalité est complexe dans le domaine de l'art IA. Lorsqu'une machine produit une œuvre, la question de la propriété se pose. Qui détient les droits sur un tableau ou une chanson générés par l'IA ? Les réponses à ces questions évoluent encore, car la notion même de paternité est en pleine redéfinition. Ce qui reste clair, c'est que l'implication humaine est cruciale non seulement pour satisfaire la démarche créative, mais aussi pour répondre aux préoccupations juridiques et morales qui l'accompagnent. L'artiste, par ses interactions avec l'IA, reste un acteur essentiel dans la détermination de la valeur créative, criminelle et culturelle de l'œuvre.

De plus, si l'IA peut produire des résultats esthétiquement fascinants, ses créations manquent souvent de la profondeur et du sous-texte propres à l'expérience humaine. Un artiste, par exemple, peut imprégner ses œuvres d'un récit personnel, d'un commentaire social ou d'une exploration philosophique. Ces couches résonnent avec le public, lui offrant un reflet de ses propres histoires ou de ses opinions. L'IA, par son analyse, s'appuie sur l'utilisation de données et d'algorithmes, dépourvus des connaissances vécues du monde qui façonnent l'expression humaine.

Le rôle de l'interprétation humaine ne saurait être surestimé. Une fois une œuvre générée par l'IA créée, les humains doivent la contextualiser, l'interpréter et lui attribuer un sens. Les machines n'imprègnent plus leur travail de logique ou d'émotion. Ce sont donc les humains qui fournissent les cadres à travers lesquels les créations de l'IA sont comprises, discutées et appréciées. Ces interprétations reposent souvent sur la vision personnelle de l'artiste ou sur le contexte culturel dans lequel l'œuvre est vue, domaines dans lesquels l'IA manque de confiance.

Dans certains cas, l'art de l'IA peut également remettre en question notre savoir-faire créatif. Avec chaque avancée de l'IA, les frontières entre créativité humaine et technologique s'estompent, obligeant à réévaluer les notions traditionnelles d'originalité, de créativité et de paternité. Si l'appareil peut générer du contenu, c'est l'humain qui dirige sa production, lui insufflant direction, sens et intention. Ainsi, l'IA peut être perçue comme un partenaire de création plutôt que comme une opportunité pour l'ingéniosité humaine.

Alors que le paysage artistique de l'IA continue de se transformer, le rôle de l'artiste humain demeure essentiel. L'interaction entre l'instinct humain et l'intelligence artificielle façonnera probablement l'avenir de l'art, car tous deux œuvreront ensemble pour explorer des territoires créatifs inexplorés. L'avenir de l'art ne sera pas celui d'une compétition entre humains et machines, mais celui d'une coexistence et d'une collaboration entre les deux, élargissant ainsi les perspectives d'avenir pour les générations futures.

Le facteur humain dans l'art de l'IA ne se limite pas toujours aux capacités traditionnelles de création, mais contribue également à façonner le contexte éthique, philosophique et culturel de l'œuvre. Les artistes sont depuis longtemps à l'avant-garde de la remise en question des normes, et avec l'IA comme outil moderne à leur disposition, ils sont mieux placés que jamais pour explorer le potentiel de la collaboration entre l'humain et l'informatique. Grâce à cette collaboration, les limites de la créativité ne sont pas seulement repoussées, elles peuvent être redéfinies.

5.2. L'IA et le monde de l'art traditionnel

L'intersection entre l'intelligence artificielle et l'art traditionnel a suscité un débat complexe et multiforme sur l'avenir de l'expression artistique. Alors que l'IA continue de progresser à grands pas dans le domaine de la créativité, son impact sur le monde de l'art traditionnel – peinture, sculpture, musique et littérature classiques – est devenu de plus en plus intrusif. Si l'IA peut être perçue comme un intrus, voire un perturbateur, c'est aussi un outil adopté, intégré et remis en question au sein du monde de l'art traditionnel.

L'art traditionnel du monde entier est généralement décrit par le talent humain, le savoir-faire et la vision personnelle de l'artiste. Les peintures, de la Renaissance aux sculptures classiques, sont appréciées non seulement pour leur beauté esthétique, mais aussi pour leur importance émotionnelle, culturelle et historique. Ces créations reflètent souvent le point de vue spécifique de l'artiste, nourri par ses récits, son environnement et ses passions intellectuelles. Ce lien profond entre l'artiste et son œuvre est ce qui a donné à l'art traditionnel sa force de résonance à travers les générations.

L'introduction de l'IA dans l'art mondial soulève des questions cruciales sur la nature de la créativité et le rôle de l'artiste. L'art traditionnel est ancré dans l'expérience humaine – émotion, intuition et imperfection – autant de qualités que l'IA, malgré sa puissance de traitement, ne peut reproduire. L'IA ne possède ni mémoire personnelle, ni émotions, ni capacité de raisonnement subjectif qui façonnent l'appareil humain moderne. Les machines, à l'extrême, produisent des œuvres d'art entièrement basées sur des modèles et des statistiques. Cela pose un paradoxe: comment une œuvre produite par un système peut-elle être qualifiée d'« art » dans l'expérience traditionnelle, alors qu'elle est dépourvue des traits humains qui pourraient être utiles à l'expression créative ?

Malgré ces questions, l'IA est de plus en plus adoptée comme un outil permettant d'augmenter, plutôt que de moderniser, la créativité humaine. De nombreux artistes contemporains intègrent l'IA à leurs processus révolutionnaires, la considérant comme un nouveau médium plutôt qu'une menace. Les stratégies créatives traditionnelles, qui englobent la peinture, la sculpture et la photographie, sont améliorées grâce aux compétences de l'IA. Par exemple, les algorithmes d'IA peuvent être utilisés pour générer de nouvelles palettes de couleurs, composer de la musique ou même créer des paysages réalistes. Plutôt que d'éliminer la main de l'artiste, cette génération propose de nouvelles façons d'explorer des idées créatives traditionnelles, les poussant vers des territoires inexplorés.

Dans les arts visuels, les capacités de l'IA sont probablement à leur apogée. Des algorithmes comme les réseaux antagonistes génératifs (GAN) permettent l'émergence d'images innovantes grâce à l'apprentissage à partir d'ensembles de données étendus sur les créations artistiques actuelles. Ce système permet à l'IA de générer des œuvres, des dessins et des photographies numériques susceptibles d'imiter le style des artistes classiques ou de créer des formes visuelles totalement inédites. Des artistes comme Refik Anadol et Mario Klingemann ont intégré l'IA à leur pratique innovante, l'utilisant pour explorer des styles complexes et créer des études visuelles dynamiques qui seraient impossibles à réaliser par les méthodes traditionnelles. Ces collaborations entre artistes et systèmes produisent des œuvres qui se situent à mi-chemin entre l'art traditionnel et la technologie moderne.

Si les œuvres d'art générées par l'IA ont suscité des débats sur la paternité et l'authenticité, elles ont également contribué à repenser le rôle de l'artiste. Dans le monde de l'art traditionnel, l'artiste est souvent perçu comme un génie singulier et révolutionnaire, apportant sa propre vision à la vie. Cependant, parallèlement à son travail avec l'IA, l'artiste assume un rôle plus collaboratif, guidant le dispositif dans la création d'une œuvre. Ce changement de position de l'artiste soulève des questions sur la place de l'intuition humaine dans la démarche créative. Une œuvre d'art perd-elle son « humanité » lorsqu'elle est créée avec l'aide d'une IA ? Ou la présence d'un objectif et d'un contrôle humains sur la création peut-elle imprégner l'art généré par l'IA de la même intensité culturelle et émotionnelle que les œuvres traditionnelles ?

L'un des aspects les plus fascinants de l'intégration de l'IA dans le monde de l'art traditionnel est la manière dont elle nous oblige à reconsidérer la nature même de l'œuvre d'art. Traditionnellement, une œuvre d'art était considérée comme un produit achevé, un aspect observé, apprécié et critiqué. Avec l'IA, cependant, le processus lui-même devient tout aussi important que l'œuvre finale. La capacité de l'outil à itérer, à s'adapter et à rechercher des méthodes pour que l'art soit en constante évolution est un domaine dans lequel l'art est en constante évolution. L'art généré par l'IA existe désormais non pas comme un objet unique et statique, mais comme un processus continu et dynamique qui s'adapte et se modifie constamment. Cela soulève de nouvelles questions sur la nature de la propriété et la notion d'« achèvement » dans l'art. Une œuvre créée grâce aux ressources de l'IA peut-elle être véritablement achevée, ou est-elle en constante évolution, une entité vivante qui existe au-delà des barrières traditionnelles ?

Malgré les difficultés que l'IA pose aux conceptions traditionnelles de l'art, elle offre également des possibilités de réinvention. L' utilisation de l'IA dans l'art traditionnel mondial suscite de nouvelles formes d'expression qui repoussent les frontières entre les médiums. L'IA permet aux artistes d'expérimenter avec de nouveaux matériaux, des installations interactives et des performances qui repoussent les limites de la peinture traditionnelle. Le potentiel de l'IA pour analyser, contrôler et recombiner les œuvres existantes offre aux artistes un outil puissant pour créer des œuvres innovantes et novatrices. L'art généré par l'IA peut répondre à des problèmes sociétaux complexes, explorer de nouvelles esthétiques et engager le public dans des approches inaccessibles aux médias traditionnels.

Cependant, l'adoption de l'IA dans le monde de l'art traditionnel ne s'est pas faite sans résistance. Certains puristes considèrent l'IA comme une menace pour l'authenticité et l'intensité émotionnelle de l'art. Ils affirment que les œuvres créées par des machines manquent de l'âme et de la touche humaine qui caractérisent en réalité les œuvres exceptionnelles. Ils craignent que l'IA ne prive l'art de sa pertinence culturelle, le réduisant à une chaîne d'algorithmes et d'équations mathématiques. Cette résistance ne s'explique pas seulement par des questions esthétiques, mais aussi par la question plus profonde de ce que représente l'art. Pour beaucoup, l'art est une tâche profondément humaine, reflet de l'individualité de l'artiste, de sa lutte et de sa perspective sur le monde.

Le débat sur l'IA dans l'art traditionnel mondial ne porte pas seulement sur la génération elle-même, mais sur la capacité des artistes à évoluer dans un monde en rapide évolution. Alors que les machines développent la capacité de créer des œuvres, les artistes humains doivent s'interroger sur la définition de leur activité et de leur raison d'être. Pour certains, l'IA peut également devenir un collaborateur efficace, ouvrant de nouvelles perspectives de créativité et d'exploration créative. Pour d'autres, elle pourrait rappeler le rôle irremplaçable de l'intuition et de l'expérience humaines dans le système en constante évolution. Quoi qu'il en soit, l'IA force le monde de l'art traditionnel à affronter de nouvelles possibilités, des situations inquiétantes et des opportunités.

L'avenir de l'IA dans la peinture traditionnelle reste incertain et continuera probablement à susciter des débats sur la nature de la créativité, de la paternité et de l'authenticité. Il est clair, cependant, que l'IA n'est pas une alternative à la créativité humaine, mais une opportunité, un catalyseur pour les formes d'expression innovantes d'aujourd'hui. Alors que les frontières entre art traditionnel et art technologique s'estompent, la place de l'artiste se redéfinit et les perspectives de la peinture s'élargissent. Dans ce nouveau paysage, chaque humain et chaque outil peuvent trouver leur place dans la création artistique, avec la capacité d'embellir, de mettre en œuvre et de redéfinir les frontières culturelles et esthétiques du monde artistique.

5.3. Humain et machine: collaboration créative

La relation entre humains et machines a considérablement évolué, notamment dans le domaine de l'expression créative. Historiquement, les machines étaient conçues pour des fonctions pratiques, modifiant régulièrement des tâches répétitives autrefois accomplies par les humains. Cependant, avec l'avènement de l'intelligence artificielle et de l'apprentissage automatique, la nature des machines a largement dépassé le cadre mécanique pour s'étendre au domaine de la créativité. Cette évolution a soulevé des questions cruciales sur la nature de la collaboration entre humains et machines dans les activités créatives, brouillant les frontières entre créativité humaine traditionnelle et puissance de calcul des machines.

La collaboration créative entre humains et machines n'est pas un concept né du jour au lendemain, mais plutôt le résultat d'une lente évolution technologique. Ces dernières années, l'IA est passée du statut d'outil d'automatisation des tâches à celui de partenaire au sein du système créatif. Grâce à des algorithmes avancés, des réseaux neuronaux et des modèles génératifs, les machines sont désormais capables non seulement d'analyser des données, mais aussi de générer de nouvelles idées, de nouveaux styles et de nouvelles expressions, sources de créativité. Cette nouvelle dynamique permet aux artistes d'interagir avec les machines de manières autrefois inimaginables, ouvrant la voie à de nouvelles perspectives de création.

L'un des aspects les plus fascinants de la collaboration homme-machine dans le monde créatif réside dans le potentiel de l'IA à pousser les artistes humains hors de leur zone de confort. Les artistes ont toujours été limités par leurs propres expériences, leurs préjugés et leurs compétences. Si ces barrières peuvent souvent conduire à des avancées révolutionnaires, elles peuvent aussi restreindre le champ du possible. L'IA, cependant, n'est pas toujours à l'aise avec de telles contraintes. En lisant de grandes quantités de données et en découvrant des schémas que l'œil humain pourrait ignorer, l'IA peut introduire de nouvelles perspectives et procédures auxquelles l'artiste n'aurait peut-être jamais pensé. Elle peut générer des idées qui remettent en question les questionnements traditionnels, encourageant les artistes à explorer des territoires inconnus.

Dans les arts visuels, par exemple, les algorithmes d'IA peuvent générer des motifs élaborés, des compositions et des œuvres d'art complètes, à la fois novatrices et esthétiquement fascinantes. La collaboration entre artistes humains et IA est évidente dans les œuvres d'artistes tels que Harold Cohen, qui a utilisé son application AARON pour créer des œuvres d'art abstrait, et Refik Anadol, qui utilise l'IA pour créer des installations d'art visuel dynamiques, basées sur des données. Dans ces collaborations, l'artiste ne supervise pas réellement le travail de la machine, mais dialogue activement avec la technologie. La machine ouvre des possibilités, et l'artiste les affine, les ajuste ou les développe. Cette transition entre l'instinct humain et le sens commun de la machine crée un espace où créativité et technologie coexistent, chacune améliorant l'opportunité.

Dans le domaine musical, la collaboration entre humains et machines a été encore plus transformatrice. Les systèmes d'IA peuvent analyser des chansons existantes, apprendre les styles de composition, puis générer des compositions originales dans différents styles. Des artistes comme Taryn Southern ont exploré la production musicale assistée par IA, où l'artiste humain écrit les paroles et offre des performances vocales, tandis que l'appareil génère les mélodies et l'instrumentation. Cette synergie innovante permet aux musiciens d'explorer des sons et des styles au-delà de leurs possibilités naturelles, créant des compositions alliant l'émotion humaine à la puissance de calcul de l'IA. La collaboration entre l'émotion humaine et la performance des machines produit une musique authentique, repoussant les limites du genre et de la forme.

La littérature a également connu l'essor des partenariats homme-machine. L'écriture générée par l'IA est devenue un outil permettant aux auteurs de sortir de leur blocage ou d'explorer de nouvelles perspectives narratives. Des programmes comme GPT-3 sont capables de produire des textes cohérents et souvent novateurs, à partir des contributions des clients. Cependant, même si l'outil peut produire des phrases et des paragraphes, c'est l'auteur qui insuffle au texte sens, contexte et objectif. L'approche innovante de ce domaine reflète celle d'autres bureaucraties artistiques: l'outil fournit la matière première, tandis que l'artiste la façonne en quelque chose d'unique, personnel et profondément résonnant. Les auteurs utilisent l'IA comme un partenaire collaboratif, non pas comme une opportunité pour leurs propres capacités créatives, mais comme un outil qui élargit leur champ d'action et enrichit leur travail.

Ce partenariat entre l'homme et la machine dépasse la simple collaboration technique; il représente un changement philosophique dans notre façon d'appréhender la créativité. Traditionnellement, la créativité était perçue comme une caractéristique propre à l'homme, fruit de la reconnaissance, de l'émotion et de l'instinct. Cependant, à mesure que les machines deviennent plus aptes à créer des œuvres révolutionnaires, cette croyance est remise en question. Le concept de « propriété créative » évolue, les œuvres étant produites en combinant motivation humaine et algorithmes de machines. La question se pose: à qui appartient l'œuvre, à l'artiste ou au système ? De plus, un appareil, quelle que soit sa capacité d'innovation, peut-il réellement posséder la créativité au même titre que les humains ?

L'un des éléments essentiels de la collaboration moderne entre l'homme et l'outil est le concept d'augmentation plutôt que de remplacement. Les machines ne remplacent pas l'artiste; au contraire, elles enrichissent ses compétences en lui offrant de nouveaux outils et stratégies d'exploration de la créativité. Cela peut donner naissance à de nouveaux genres et mouvements créatifs, permettant aux artistes de repousser les limites de leur art. Par exemple, la capacité de l'IA à analyser de vastes ensembles de données et à reconnaître des styles peut favoriser de nouvelles formes d'art, notamment l'art basé sur les données, l'art génératif et la poésie algorithmique. Ces nouveaux documents remettent en question les notions traditionnelles de ce qui constitue « l'art » et multiplient les possibilités d'expression créative.

Cependant, cette collaboration créative n'est pas sans traumatisme. À mesure que les machines s'intègrent de plus en plus au processus de création, des questions se posent quant à l'éthique des œuvres générées par l'IA. Qui est responsable des résultats obtenus grâce à l'IA ? Comment pouvons-nous gérer la capacité de l'IA à dupliquer des œuvres existantes et à porter atteinte par inadvertance aux droits de propriété intellectuelle ? Ces questions sont urgentes et méritent d'être traitées, car l'IA continue de jouer un rôle croissant dans les industries créatives. Par ailleurs, se pose la question de savoir comment préserver l'authenticité des œuvres d'art à une époque où les machines peuvent reproduire, remixer et réimaginer les créations humaines à grande échelle.

L'avenir de la collaboration créative entre l'homme et les machines est considéré comme un avenir aux possibilités infinies. Avec le développement continu de l'IA, il est probable que nous assisterons à des partenariats encore plus étroits entre humains et machines dans des domaines innovants. Les artistes seront de plus en plus nombreux à utiliser l'IA comme outil d'expression personnelle, repoussant les limites de leur créativité et créant de nouvelles formes d'œuvres d'art qui remettent en question la définition même de l'art. Les machines ne seront plus considérées comme de simples outils, mais comme des collaborateurs apportant de nouvelles dimensions à l'innovation. De son côté, l'artiste continuera de s'adapter, tandis que les humains et les machines œuvreront ensemble pour explorer des territoires créatifs inexplorés.

Dans ce destin collaboratif, la créativité ne sera plus le seul domaine de l'expérience humaine. Elle deviendra un espace ouvert où l'imagination humaine et l'intelligence artificielle fusionneront pour créer des œuvres potentiellement plus que la somme de leurs éléments. À mesure que ce partenariat se développera, nous appréhenderons la créativité sous de nouvelles perspectives, en intégrant l'idée qu'elle n'est pas seulement le fruit de l'imagination humaine, mais une entreprise partagée entre humains et machines.

5.4. L'évolution du rôle de l'artiste à l'ère de l'IA

Le développement rapide de l'intelligence artificielle a profondément modifié le paysage créatif, transformant fondamentalement le rôle de l'artiste. Traditionnellement considérés comme les seuls créateurs de la vision créative, les artistes ont longtemps été les créateurs qui transforment les pensées brutes en œuvres expressives reflétant l'amour, les émotions et les valeurs culturelles humaines. Cependant, l'IA étant de plus en plus capable de produire de l'art de manière autonome ou en collaboration avec des humains, le rôle de l'artiste évolue vers un rôle multiforme alliant créativité, curation et maîtrise technologique.

L'un des principaux changements réside dans le fait que les artistes sont devenus des collaborateurs des systèmes d'IA, plutôt que de simples créateurs. Au lieu de concevoir manuellement chaque élément, ils pilotent désormais régulièrement les algorithmes d'IA, guidant leurs résultats par des activations, des paramétrages et des remarques itératives soigneusement élaborés. Cette collaboration permet à l'artiste d'explorer de nouvelles directions créatives, de tester des styles inédits et de générer des compositions complexes à des vitesses auparavant inaccessibles. Le rôle de l'artiste se concentre désormais sur la sélection, l'affinage et la contextualisation du contenu généré par l'IA, alliant créativité numérique et sensibilité humaine.

Cette alternative exige également des artistes qu'ils développent de nouvelles compétences techniques. Comprendre les principes d'apprentissage automatique, les biais d'information et le fonctionnement des modèles génératifs devient crucial. Les artistes apprennent à s'engager dans l'ingénierie active, en communiquant efficacement avec l'IA pour produire des résultats conformes à leur vision. Cette combinaison d'intuition créative et de technologie computationnelle ouvre la voie à une nouvelle génération d'artisanat virtuel qui redéfinit la compréhension créative.

La démocratisation de l'art par l'IA permet à un public plus large de produire des œuvres captivantes sans formation formelle. Si cette démocratisation élargit la participation créative, elle pousse également les artistes experts à privilégier des qualités allant au-delà de l'exécution technique – notamment l'intensité conceptuelle, la résonance émotionnelle et la critique culturelle – des domaines dans lesquels la perspicacité humaine unique demeure essentielle. Les artistes se positionnent de plus en plus comme interprètes et médiateurs de contenus générés par l'IA, privilégiant la narration et le sens plutôt que la simple production.

De plus, l'IA oblige les artistes à reconsidérer les conceptions traditionnelles de la paternité et de l'originalité. Lorsqu'une œuvre est co-créée avec un algorithme, des questions se posent quant à la propriété de l'innovation et à la manière d'en attribuer le mérite. Certains artistes incarnent cette ambiguïté en utilisant l'IA comme moyen de remettre en cause la paternité elle-même et de découvrir les frontières entre l'action humaine et celle de la machine.

Dans le domaine de la performance et de l'art expérientiel, l'IA permet aux artistes de créer des environnements interactifs qui réagissent dynamiquement aux mouvements du public, aux données biométriques ou aux signaux environnementaux. L'artiste devient alors un concepteur de systèmes et de données, plutôt qu'un simple interprète ou auteur, orchestrant des interactions complexes entre des acteurs humains et des machines intelligentes.

D'un point de vue éthique, les artistes doivent également gérer les problèmes liés aux biais d'information, à la sensibilité culturelle et à la transparence des œuvres générées par l'IA. La responsabilité de veiller à ce que les outils d'IA soient utilisés de manière réfléchie et respectueuse incombe de plus en plus à l'artiste, qui agit en tant que gardien de chaque technologie et de chaque culture.

Sur le plan économique, l'essor des œuvres d'art générées par l'IA ouvre de nouveaux défis et de nouvelles perspectives. Les artistes doivent faire face à l'évolution des dynamiques du marché, notamment la valorisation des œuvres assistées par l'IA et la concurrence avec les œuvres entièrement produites par l'IA. Parallèlement, les outils d'IA peuvent accroître la créativité des artistes, ouvrant la voie à de nouvelles sources de revenus et à de nouveaux modes d'expression.

Dans le système scolaire, les programmes s'adaptent pour doter les futurs artistes de compétences interdisciplinaires alliant pratiques artistiques traditionnelles, maîtrise de l'IA, de la programmation et de l'éthique statistique. Cette approche holistique prépare les artistes à s'épanouir dans un environnement innovant et enrichi par l'IA.

À l'ère de l'IA, le rôle de l'artiste n'est pas seulement un déclin, mais un essor. Les artistes deviennent des créateurs hybrides, alliant l'imagination humaine à la puissance algorithmique pour explorer des territoires créatifs inexplorés. Ce nouveau rôle nous invite à repenser le métier d'artiste et célèbre la fusion de la technologie et de la créativité comme source d'innovation culturelle profonde.

CHAPITRE 6

L'IA et l'industrie cinématographique

6.1. Cinéma avec intelligence artificielle

Le cinéma a longtemps été façonné par l'impact de la technologie. La narration visuelle, le son, l'éclairage, le montage et le scénario sont les éléments clés de la réalisation cinématographique, et les avancées technologiques ont constamment transformé ces éléments. Ces dernières années, l'intelligence artificielle (IA) a commencé à redéfinir les méthodes de production, les techniques narratives et l'expérience du public au cinéma. L'impact de l'IA sur le cinéma englobe à la fois l'évolution des stratégies créatives et les transformations de la consommation des films.

L'impact de l'IA sur le cinéma est devenu considérable en termes de performance de production. Avec l'essor de l'IA, de nombreuses étapes de la réalisation cinématographique, de l'écriture du scénario au traitement de l'image et aux effets spéciaux, sont devenues plus rapides et plus écologiques. Par exemple, les logiciels d'IA peuvent analyser les capacités d'un scénario, surveiller les développements individuels et simuler le déroulement de l'histoire. Cela permet aux scénaristes et aux producteurs de faire des choix plus stratégiques. De même, dans le domaine des effets visuels, l'IA a révolutionné le secteur. Grâce à elle, des visuels plus réalistes et plus précis peuvent être produits plus rapidement. Des technologies comme l'imagerie de synthèse (CGI) et les effets visuels (VFX) bénéficient de l'IA, permettant de créer des scènes particulièrement sophistiquées et réalistes.

L'un des croisements révolutionnaires entre l'IA et le cinéma réside dans la conception et l'animation personnalisées. L'IA peut simuler les expressions émotionnelles et le langage corporel de manière plus convaincante. L'utilisation de ces technologies offre davantage de liberté et de créativité, notamment dans les films d'animation et les œuvres de synthèse. Par exemple, les algorithmes basés sur l'IA peuvent créer dynamiquement des expressions faciales, des intonations vocales et des mouvements en fonction des états émotionnels d'une personne, offrant ainsi une expérience plus riche et plus interactive au public cible.

Un autre impact majeur de l'IA sur le cinéma est la personnalisation de l'expérience de visionnage. L'IA peut analyser les précédents choix cinématographiques d'un spectateur et fournir des recommandations basées sur ses préférences personnelles. Cela transforme le comportement d'écoute et fournit des informations précieuses aux cinéastes pour mieux cibler leur marché cible. De plus, l'IA améliore les stratégies marketing de l'industrie cinématographique. Par exemple, elle peut optimiser les campagnes promotionnelles en sélectionnant les moments privilégiés pour diffuser des publicités sur les réseaux sociaux afin de maximiser l'engagement.

Au-delà de la créativité, l'intelligence artificielle a un impact plus large sur la transformation des flux de travail au sein de l'industrie cinématographique. Les musiques de films sont également enrichies grâce à des compositions uniques générées par l'IA. L'IA peut analyser la forme mélodique, le rythme et les harmonies d'une piste, aidant ainsi les producteurs à créer l'atmosphère idéale pour un film. De plus, le rôle de l'IA dans l'industrie cinématographique va au-delà des stratégies innovantes et joue également un rôle clé dans la planification et la budgétisation de la production. Les logiciels d' IA peuvent fournir des conseils pour organiser les tournages, ajuster les éclairages et gérer les délais de production, faisant ainsi gagner un temps précieux aux cinéastes.

Au-delà du cinéma, l'intelligence artificielle permet également l'émergence de nouveaux genres et formats narratifs. Grâce à l'IA, la recherche interactive a gagné en ampleur au cinéma, où le spectateur n'est plus un simple spectateur passif, mais peut participer activement à la narration. Des technologies comme la RV (réalité virtuelle) et la RA (réalité augmentée), combinées à l'IA, offrent une immersion plus profonde dans l' univers cinématographique, offrant aux spectateurs la possibilité d'influencer le déroulement de l'intrigue. Ces films interactifs permettent aux spectateurs de prendre des décisions qui influencent le résultat final, faisant de chaque projection une expérience unique.

La relation entre l'IA et le cinéma n'en est qu'à ses débuts, et des possibilités bien plus vastes restent à explorer. À l'avenir, l'IA devrait jouer un rôle encore plus important dans le cinéma. Plus précisément, elle doit instaurer une nouvelle bureaucratie narrative que les cinéastes n'ont pas encore commencé à appréhender. Cela pourrait entraîner de profonds changements dans les aspects créatifs et commerciaux du secteur.

En fin de compte, la relation entre intelligence artificielle et cinéma ne se résume pas seulement à une avancée technologique, mais elle redéfinit également la nature même de la création. L'évolution du cinéma, combinée aux nouveaux outils et possibilités offerts par l'IA, devient plus progressiste, interactive et ciblée sur le spectateur. La fusion de l'IA et du cinéma offre la possibilité de créer de nouveaux souvenirs et de nouvelles études cinématographiques, auparavant impossibles à réaliser en combinant art et technologie.

6.2. L'impact de l'IA sur la production cinématographique

L'intelligence artificielle (IA) a profondément impacté de nombreux secteurs, et le secteur cinématographique ne fait pas exception. Des premières étapes de la production à la postproduction, l'IA transforme la façon dont les films sont créés, rendant le processus cinématographique plus écologique, plus rentable et plus révolutionnaire. Le rôle de l'IA dans la production cinématographique évolue rapidement, offrant aux cinéastes des outils performants pour stimuler la créativité et rationaliser les techniques.

Le parcours cinématographique commence par la préproduction, qui comprend le développement intellectuel, l'écriture des scénarios, la planification des storyboards et la planification du planning. Traditionnellement, ces stratégies s'appuyaient fortement sur la créativité et les compétences des scénaristes, réalisateurs et producteurs. Cependant, l'IA est de plus en plus utilisée dans ce domaine pour faciliter et accélérer des tâches autrefois manuelles et chronophages.

L'un des principaux moyens par lesquels l'IA influence la préproduction est l'écriture de scénarios. Les logiciels basés sur l'IA peuvent analyser de grandes quantités de texte et créer du contenu réel selon des paramètres précis. Par exemple, des outils d'IA comme GPT-3 d'OpenAI ou des modèles similaires peuvent générer des idées narratives, des dialogues et des intrigues, offrant ainsi aux scénaristes de nouvelles idées ou les aidant à surmonter le syndrome de la page blanche. Les structures d'IA peuvent même être entraînées à imiter les styles d'écriture de certains auteurs, permettant ainsi aux cinéastes de créer des scénarios avec la voix de leurs auteurs ou de figures historiques.

De plus, l'IA peut contribuer à affiner et optimiser les scripts en anticipant les réactions du public cible ou en analysant les schémas narratifs. Par exemple, les algorithmes prédictifs peuvent évaluer la pertinence d'un script en fonction de facteurs tels que l'engagement émotionnel, le rythme et le développement des sujets clés du projet. L'IA peut également suggérer des améliorations ou des changements, garantissant ainsi que le script plaise à un public plus large tout en préservant la vision de l'auteur.

Une fois le scénario finalisé, la phase suivante de la production cinématographique commence: le tournage proprement dit. Cette étape comprend plusieurs étapes, notamment la configuration de la caméra, l'éclairage, la mise en scène et la performance. L'IA améliore considérablement l'efficacité de ces processus, permettant aux cinéastes de créer des scènes plus dynamiques et plus attrayantes avec moins de ressources.

L'un des principaux impacts de l'IA sur la production réside dans l'automatisation du travail de caméra et de l'éclairage. Par exemple, les caméras et les drones pilotés par l'IA peuvent enregistrer de manière autonome les mouvements des acteurs, modifier la reconnaissance et capturer des images complexes qui seraient autrement difficiles ou chronophages pour une équipe humaine. Cette automatisation permet des images plus dynamiques et plus flexibles, notamment dans les scènes à mouvement rapide ou les séquences complexes où un timing précis est crucial.

L'IA améliore également la qualité cinématographique grâce à des structures lumineuses réalistes. Elle permet d'évaluer les conditions d'éclairage en temps réel et d'ajuster le positionnement et l'intensité des lumières en conséquence. Cette automatisation réduit le besoin d'intervention manuelle et garantit l'optimisation visuelle de chaque plan. Les systèmes basés sur l'IA peuvent également analyser les scènes pour vérifier la cohérence et la continuité de l'éclairage, garantissant ainsi un éclairage constant entre plusieurs prises et photos.

De plus, la technologie des effets visuels (VFX) pilotée par l'IA transforme la création des scènes. Dans les films d'action ou de science-fiction, la création d'effets visuels complexes et de qualité exigeait traditionnellement beaucoup de temps et de ressources. L'IA permet de réduire les délais de production grâce à l'automatisation de la création d'effets visuels intéressants, comme les environnements historiques ou les éléments animés. Des algorithmes d'analyse approfondie sont également utilisés pour améliorer la technologie de capture de mouvement, permettant ainsi de générer des animations plus réalistes de personnages et d'objets.

La postproduction est le lieu où la magie du cinéma opère. Cette étape comprend des tâches telles que le montage, la conception sonore, l'étalonnage et les effets visuels (VFX). L'IA joue un rôle crucial dans tous les aspects de la postproduction, notamment le montage et les effets visuels, en automatisant les tâches répétitives et en offrant de nouvelles possibilités créatives.

les logiciels d'IA sont capables d'organiser et de trier automatiquement des heures de photos. Traditionnellement, les monteurs devaient observer chaque prise pour identifier les meilleures images, un processus qui pouvait prendre des jours, voire des semaines. Les outils d'IA utilisent désormais des algorithmes d'analyse automatique pour analyser et catégoriser les images en fonction des éléments visuels et sonores, des traits du visage, des expressions ou des émotions transmises dans une scène. L'IA peut également identifier les moments de grande intensité émotionnelle ou les tendances clés de l'intrigue, aidant ainsi les monteurs à identifier rapidement les moments clés à inclure dans le montage final.

L'IA transforme également la post-production grâce à l'automatisation des logiciels d'effets visuels. Auparavant, le développement d'effets réalistes, comme les explosions, les objets volants ou les simulations météorologiques, nécessitait un travail manuel considérable de la part des artistes VFX. L'IA permet désormais d'automatiser une grande partie de ces tâches, générant ainsi des effets exceptionnels plus rapidement et plus efficacement. Par exemple, les outils d'IA peuvent simuler des effets réalistes d'eau, de feu et de fumée, ou encore générer des paysages virtuels qui s'intègrent parfaitement aux images en direct.

L'étalonnage, élément essentiel de la post-production, est également optimisé grâce à l'IA. Un logiciel basé sur l'IA peut analyser les scènes et ajuster automatiquement la balance des couleurs pour correspondre à l'esthétique souhaitée. Cette technologie permet non seulement de gagner du temps, mais aussi de garantir la cohérence entre les prises de vue, facilitant ainsi le maintien d'un style visuel uniforme tout au long du film.

L'IA ne révolutionne pas véritablement les aspects créatifs de la réalisation cinématographique; elle révolutionne également la manière dont les films sont promus et distribués. Avec la numérisation croissante du secteur cinématographique, l'IA est utilisée pour aider les studios à cibler les publics cibles, à anticiper les performances des films et à optimiser leurs campagnes marketing.

L'IA peut analyser de vastes ensembles de données pour identifier les tendances en matière de comportement, de potentiel et de démographie des spectateurs. Ces informations permettent aux cinéastes et aux distributeurs de cibler des publics spécifiques avec des petites annonces personnalisées, garantissant ainsi que les efforts publicitaires soient concentrés sur les personnes les plus susceptibles de regarder et d'apprécier le film. L'IA peut également anticiper le succès d'un film en se basant sur les premières réactions du marché cible, le buzz sur les réseaux sociaux et les statistiques de performances passées, permettant ainsi aux studios d'ajuster leurs stratégies publicitaires.

De plus, l'IA joue un rôle important dans la distribution cinématographique grâce à sa capacité à prédire les meilleures stratégies de sortie. Elle peut analyser des données provenant d'autres sources que les sorties de films pour déterminer les meilleures fenêtres de sortie, les meilleures zones géographiques et les meilleures stratégies pour maximiser l'audience. Cette étape de prise de décision basée sur les données a le potentiel de révolutionner l'attribution des films, garantissant que chaque sortie atteigne son plein potentiel.

L'intelligence artificielle transforme profondément la production cinématographique, offrant aux cinéastes des outils performants pour optimiser les aspects créatifs et techniques de la réalisation. De l'écriture du scénario à la post-production, l'IA automatise les tâches répétitives, ouvre de nouvelles perspectives créatives et améliore les performances de méthodes auparavant irréalisables. À mesure que l'IA s'adapte, elle jouera un rôle encore plus important dans l'avenir de la production cinématographique, ouvrant la voie à une nouvelle génération de narration cinématographique. Grâce à l'intégration de l'IA, les cinéastes peuvent déployer des stratégies innovantes, produire plus rapidement du contenu de qualité et créer des histoires plus immersives pour le public, tout en maintenant l'art cinématographique à la pointe de la technologie.

6.3. L'avenir du cinéma: la relation entre l'IA et les humains

Le destin du cinéma est lié à l'évolution des relations entre l'intelligence artificielle (IA) et la créativité humaine. À mesure que l'IA progresse, son rôle dans la réalisation cinématographique est appelé à s'accroître, entraînant de profonds changements dans la manière dont les films sont réalisés, consommés et appréciés. Cependant, à mesure que les systèmes d'IA s'intègrent de plus en plus au processus cinématographique, la question se pose: quelle sera la nature du lien entre humains et machines dans le cinéma de demain ? L'IA deviendra-t-elle un compagnon moderne indispensable ou restera-t-elle un outil complémentaire à l'art humain ?

partenaire innovant dans la création cinématographique. Plutôt que de transformer la créativité humaine, l'IA accompagnera probablement les cinéastes pour enrichir leur vision créative, en leur offrant de nouveaux outils, perspectives et opportunités. Les technologies d'IA sont déjà utilisées pour automatiser des aspects techniques précis de la réalisation, notamment les mouvements de caméra virtuels, les réglages d'éclairage ou encore les effets visuels. Cependant, à mesure que l'IA continue de se développer, sa capacité à contribuer aux aspects innovants de la réalisation cinématographique peut encore se développer.

À l'avenir, l'IA pourrait également devenir un élément essentiel du processus d'idéation et de développement narratif. Les systèmes d'IA pourraient aider les scénaristes à développer des intrigues, des personnages et des dialogues en s'appuyant sur de riches données tirées du cinéma, de la littérature et des perspectives du public cible. Ces structures pourraient également offrir des structures narratives alternatives, aidant les auteurs à s'affranchir des styles narratifs traditionnels et à explorer de nouvelles approches de la création narrative. La collaboration entre l'IA et les scénaristes humains devrait donner naissance à une nouvelle vague de films innovants et innovants, où les frontières entre créativité humaine et créativité générée par les machines s'estomperont.

De plus, l'IA doit contribuer au parcours et à l'esthétique visuelle d'un film. Les outils d'IA permettent déjà aux cinéastes de tester les effets visuels, l'étalonnage des couleurs et la composition des plans en temps réel. À terme, l'IA pourra valider des modifications créatives en analysant l'ambiance, le genre et le rythme du film. En s'inspirant des œuvres de cinéastes emblématiques et des techniques de narration visuelle, l'IA pourrait également apporter aux cinéastes des idées qu'ils n'auraient peut-être pas envisagées seuls. Le rôle du réalisateur peut également évoluer, passant du statut de visionnaire révolutionnaire à celui de collaborateur travaillant en tandem avec l'IA pour façonner la vision traditionnelle du film.

L'un des aspects les plus captivants, et parfois controversés, du rôle de l'IA dans l'avenir du cinéma est la capacité de générer du contenu grâce à elle. Dans les années à venir, l'IA sera capable de développer des films entiers sans intervention humaine directe, de l'écriture du scénario à l'animation en passant par la postproduction. Des algorithmes d'apprentissage profond ont déjà démontré leur capacité à générer des visages réalistes, à créer des voix réalistes et même à composer des chansons. À mesure que ces technologies évoluent, la capacité de l'IA à créer des films entièrement déterminés devient plus accessible.

La montée en puissance du contenu généré par l'IA suscitera des interrogations quant à l'authenticité des œuvres. Si un film est créé par l'IA, perd-il sa valeur d'expression de la créativité humaine ? Un appareil peut-il réellement appréhender les nuances des émotions humaines, des sous-cultures et des enjeux sociétaux de la même manière qu'un cinéaste ? Si l'IA est capable d'imiter ces éléments grâce à des outils statistiques de haute qualité, il existe aussi souvent une distinction intrinsèque entre le talent artistique des cinéastes, influencé par l'émotion, et la précision calculée de l'IA.

Néanmoins, le contenu généré par l'IA a la capacité de repousser les limites de la narration. Il pourrait être nécessaire de créer des films aux styles visuels, narratifs et points de vue uniques, remettant en question les normes conventionnelles.

Par exemple, une IA pourrait être capable de créer un film non linéaire ou explorant les dimensions et réalités de l'échange, produisant un niveau de complexité narrative dépassant les capacités des créateurs humains seuls. Ces innovations devraient révolutionner l'industrie cinématographique, mais elles nous obligeront également à repenser le métier de cinéaste et la place de la créativité humaine dans le processus créatif.

À mesure que l'IA prend une place de plus en plus importante dans le processus cinématographique, le travail des cinéastes et des acteurs est susceptible d'évoluer. Les cinéastes seront certes chargés de prendre des décisions importantes concernant le style, le ton et la vision générale du film, mais leurs responsabilités pourraient également évoluer à mesure qu'ils collaboreront plus étroitement avec les systèmes d'IA. Plutôt que d'assumer des tâches techniques répétitives, les réalisateurs, les monteurs et les créatifs pourront se concentrer davantage sur les aspects émotionnels et thématiques de leur art, tandis que l'IA gérera une partie des défis logistiques et techniques.

L'IA pourrait également transformer le rôle des acteurs à l'avenir. On observe déjà l'utilisation de la capture de mouvement et de l'imagerie de synthèse pour donner vie à des personnages fictifs. À l'avenir, l'IA pourrait également permettre la création de versions numériques d'acteurs, permettant de capturer et de recréer à volonté leurs performances. Ces avatars générés par l'IA pourraient même permettre aux acteurs de continuer à jouer au-delà de leur vie, ce qui est essentiel à une nouvelle façon de vivre le cinéma. Cependant, cela soulève des questions éthiques quant à l'authenticité des performances virtuelles et à l'exploitation potentielle de l'image des acteurs.

De plus, la capacité de l'IA à générer des voix synthétiques et à créer des techniques de deepfake pourrait également permettre la résurrection d'acteurs décédés ou permettre à des acteurs vivants d'interpréter des rôles sans apparaître physiquement devant la caméra. Si cela ouvre de nouvelles perspectives, comme des performances virtuelles ou des collaborations entre personnages historiques et stars contemporaines, cela soulève également des questions de consentement, de représentation et de marchandisation de l'identité des acteurs.

La relation entre l'IA et l'humain dans le cinéma du futur n'influencera plus seulement le processus de création, mais aussi la manière dont les films sont consommés et visionnés par le public. Autrefois, le public était le récepteur passif de la vision d'un cinéaste, regardant le film se dérouler de manière linéaire. Cependant, avec l'avènement des médias interactifs et de l'IA, la nature de la consommation cinématographique commence à évoluer.

L'IA a le potentiel de révolutionner l'expérience du spectateur en créant des films plus interactifs et personnalisés.

Imaginez un film qui s'adapte à vos émotions, ajustant le récit en temps réel selon vos réactions aux scènes. L'IA pourrait analyser les expressions faciales, le rythme cardiaque ou les mouvements des yeux du spectateur pour adapter le rythme, le ton et le scénario du film, rendant ainsi l'expérience plus immersive et dynamique. Ces films interactifs offriront de nouvelles approches narratives, où le spectateur devient un acteur actif du récit.

L'IA servira également à anticiper les opportunités du marché cible et à recommander des films ou des scènes en fonction de critères autres que le comportement de visionnage. À l'instar des services de streaming qui utilisent des algorithmes pour afficher du contenu, l'IA devra également analyser les émotions d'une personne et lui recommander des films en adéquation avec son humeur ou ses centres d'intérêt. Ce niveau de personnalisation permettra de renforcer le lien entre le public cible et le film, garantissant ainsi un engagement et un investissement accrus du public dans le contenu qu'il consomme.

Alors que l'IA continue de marquer l'avenir du cinéma, elle soulève des questions morales et philosophiques. Si les systèmes d'IA sont responsables du développement des films ou de l'influence de leur contenu, à qui appartiennent les droits sur ces créations ? Les films générés par l'IA doivent-ils être considérés comme la propriété intellectuelle des créateurs qui ont conçu les algorithmes, ou les machines elles-mêmes doivent-elles en détenir une certaine forme de propriété ? De plus, à mesure que les structures d'IA gagnent en autonomie, comment garantir que le contenu qu'elles génèrent soit conforme aux valeurs et à l'éthique humaines ?

Par ailleurs, l'utilisation croissante de l'IA au cinéma devrait transformer la manière dont les histoires sont racontées et pourrait influencer les types de témoignages présentés. Programmés à partir de statistiques, les systèmes d'IA risquent de perpétuer les préjugés et les stéréotypes existants, façonnant les récits de manière à renforcer des normes sociétales risquées. Cinéastes, technologues et éthiciens devront collaborer pour garantir que les technologies d'IA soient utilisées dans des processus favorisant la diversité, l'inclusion et une représentation culturelle de qualité.

L'avenir du cinéma se façonnera véritablement grâce à l'évolution des relations entre l'IA et la créativité humaine. À mesure que l'IA continue de se développer, les cinéastes et les acteurs trouveront de nouvelles façons de collaborer avec les machines, essentielles à des améliorations intéressantes en matière de narration, d'effets visuels et d'engagement du public. Cependant, ce partenariat nécessitera peut-être une réflexion approfondie sur les implications éthiques et philosophiques du rôle de l'IA dans l'introduction et la consommation de l'art. Le prochain chapitre du cinéma sera celui de la co-création, où l'imagination humaine et les capacités de l'IA s'intégreront pour redéfinir les limites de l'expression créative.

6.4. L'IA dans les effets visuels et l'animation

L'introduction de l'intelligence artificielle a révolutionné les domaines des effets visuels (VFX) et de l'animation, transformant fondamentalement la façon dont les images virtuelles sont créées, plus attrayantes et intégrées à la narration. Traditionnellement, les effets visuels et l'animation étaient des processus complexes exigeant des compétences assez spécialisées, un travail manuel complexe et des délais de production longs. Les technologies d'IA accélèrent désormais les flux de travail, permettent des niveaux de réalisme et de créativité inédits et ouvrent de nouvelles perspectives à la narration visuelle en augmentant ou en automatisant des tâches complexes.

L'un des impacts les plus importants de l'IA sur les résultats visuels réside dans la synthèse et l'amélioration d'images. Les modèles de mastering approfondi, comme les réseaux antagonistes génératifs (GAN), peuvent générer des textures, des environnements et même des personnages entiers photoréalistes, réduisant ainsi considérablement le temps et le coût de production de contenus exceptionnels. Par exemple, les outils basés sur l'IA peuvent améliorer les images basse résolution, compléter les images manquantes ou simuler des phénomènes naturels comme la fumée, le feu et l'eau avec une grande fidélité. Cette automatisation permet aux artistes de se concentrer sur la création et l'innovation conceptuelle plutôt que sur des informations techniques fastidieuses.

En animation, l'IA contribue au nettoyage et à l'interpolation des captures de mouvement. Les données de capture de mouvement (mocap) nécessitent souvent une correction manuelle importante pour éliminer le bruit ou les mouvements anormaux. Les algorithmes d'IA analysent les séquences de mocap et lissent ou améliorent automatiquement les animations, garantissant ainsi fluidité et réalisme. De plus, l'interpolation de mouvement pilotée par l'IA génère de nouvelles images intermédiaires, permettant aux animateurs de produire des animations à la fréquence d'images plus précises sans augmenter leur charge de travail. Cela permet des performances humaines plus réalistes et immersives.

L'IA excelle également dans l'animation faciale et la synthèse des expressions, des éléments essentiels pour créer des personnages numériques émotionnellement captivants. Des techniques comme le deepfake et le rendu neuronal permettent aux animateurs de reproduire les performances faciales des acteurs sur des avatars numériques avec une précision exceptionnelle. Ces outils permettent de diffuser des micro-expressions et de faire du playback, renforçant ainsi la crédibilité des images de synthèse en mouvement et des personnages dynamiques. Ces améliorations permettent de franchir la vallée de l'étrange, favorisant ainsi des liens plus forts entre le public et les personnages virtuels.

La génération procédurale, optimisée par l'IA, permet d'introduire des mondes virtuels et des foules dynamiques et de grande taille. Les algorithmes peuvent générer des paysages, des fleurs, des conditions météorologiques et des environnements concrets, peuplés de nombreux personnages spécifiques aux comportements autonomes. Cette capacité est précieuse dans les films à succès et les jeux vidéo ouverts au monde, où l'échelle et la variabilité sont primordiales.

Les techniques de changement de style et de rendu artistique pilotées par l'IA permettent aux studios d'effets visuels et d'animation d'expérimenter facilement diverses esthétiques. En s'appuyant sur des motifs artistiques uniques, de l'impressionnisme au cyberpunk, l'IA peut transformer des séquences ou des modèles pour les adapter à des motifs visuels privilégiés. Cette fusion entre époque et art élargit les possibilités créatives, permettant des styles hybrides mêlant réalisme et abstraction stylisée.

De plus, l'IA simplifie l'automatisation des workflows dans les pipelines d'effets visuels. La gestion intelligente des ressources, la rotoscopie automatique, le suivi des objets et la composition de scènes réduisent les tâches manuelles répétitives. Par exemple, les outils d'IA peuvent isoler des éléments de premier plan d'arrière-plans complexes ou remplacer des éléments dans des scènes avec une intervention humaine minimale. Ces gains d'efficacité accélèrent les délais de production et réduisent les coûts, rendant les effets visuels haut de gamme plus accessibles aux créateurs indépendants et aux petits studios.

Le rendu en temps réel basé sur l'IA représente une avancée majeure. Exploitant les réseaux neuronaux et l'accélération matérielle, l'IA permet des aperçus interactifs et des ajustements à la volée tout au long de la production. Cette immédiateté favorise la prise de décisions innovantes, permettant aux réalisateurs et aux artistes de visualiser instantanément des résultats complexes et d'effectuer des itérations de manière inattendue.

L'intégration de l'IA à l'animation favorise également la personnalisation et l'interactivité. Dans les jeux vidéo et la réalité virtuelle, l'IA génère des animations adaptatives qui réagissent avec fluidité aux mouvements des joueurs ou aux stimuli environnementaux. Les personnages peuvent analyser et faire évoluer leurs comportements, offrant des histoires plus immersives et réactives. Cette création de contenu dynamique remet en question les modèles d'animation statique traditionnels et inaugure une nouvelle génération de mondes virtuels vivants.

Malgré ses avantages, l'adoption de l'IA dans les effets visuels et l'animation soulève des questions cruciales. Le recours à des contenus générés par l'IA suscite des discussions sur la paternité et la reconnaissance créative, ainsi que des inquiétudes quant au risque de remplacement des artistes professionnels. Cependant, la plupart des spécialistes du secteur considèrent l'IA comme un outil complémentaire plutôt qu'un substitut, permettant aux artistes de mieux concrétiser leurs visions.

Des questions éthiques se posent également concernant l'utilisation de l'IA dans la technologie deepfake, où des images de synthèse peuvent être utilisées à des fins malveillantes. L'industrie du divertissement élabore activement des exigences et des recommandations pour garantir une utilisation responsable, conciliant innovation et impact sociétal.

L'IA transforme les résultats visuels et l'animation en améliorant la créativité, les performances et la portée. Elle libère les artistes des contraintes techniques, permettant des narrations plus audacieuses et des expériences visuelles plus riches. À mesure que les technologies d'IA mûrissent, elles promettent également de brouiller les frontières entre réalité et imagination, créant des univers immersifs captivants par des moyens jusqu'alors inimaginables.

CHAPITRE 7

Art, IA et société

7.1. L'intelligence artificielle et son rôle dans la société

L'intelligence artificielle (IA) est devenue un puissant facteur de stress qui influence presque tous les aspects de la société ces dernières années. Ces influences ne se limitent pas aux avancées technologiques et aux structures économiques, mais se manifestent également dans les domaines culturels et innovants. Plus précisément, le lien entre l'art et l'IA est devenu un vaste domaine contribuant à la transformation des structures sociétales. Comprendre le rôle de l'IA dans la société exige une perspective multidimensionnelle, notamment dans le contexte de son intersection avec l'art.

L'un des effets les plus marquants de l'IA sur la société est l'évolution de la perception des processus de fabrication et de création. Traditionnellement, l'art créé par des créateurs humains a constitué un outil essentiel de transmission des valeurs et des significations culturelles entre les sociétés. Cependant, la fusion de l'IA et de l'art soulève de nouvelles questions sur la nature de la peinture, sur les créateurs et sur les caractéristiques sociétales de l'œuvre d'art. Cette nouvelle collaboration entre humains et machines redéfinit les frontières de la fabrication culturelle.

D'un côté, l'IA, en collaboration avec des artistes humains, crée des œuvres jusqu'alors inconcevables, et de l'autre, elle développe des œuvres qui remettent en question le sens de l'art et défient les normes sociétales. Cette dynamique contribue au démantèlement des systèmes élitistes de l'art traditionnel à travers le monde, permettant à un plus grand nombre d'interagir avec l'art. En particulier dans l'art numérique, l'IA a rendu le processus de création plus accessible. Cela a permis à l'art de tisser des liens plus étroits avec la société, de redéfinir le rôle de l'artiste et d'élargir son public.

La réaction sociétale à la relation entre l'art et l'IA témoigne d'une prise de conscience croissante de la technologie, tout en révélant des inquiétudes croissantes quant aux menaces pesant sur les forces du travail et à la perte de valeur de la créativité humaine. Cependant, certains partisans de l'art basé sur l'IA affirment que ces technologies ont la capacité de repousser les frontières de l'art, en développant un langage plus commun qui favorise les échanges sociétaux.

L'IA influence les systèmes sociétaux non seulement d'un point de vue financier ou professionnel, mais aussi par des stratégies qui modifient notre perception de la nature humaine. Les discussions sur le rôle de l'IA dans la société dépassent le cadre de l'art et de la technologie pour englober des questions plus vastes comme les droits de l'homme, l'éthique et les inégalités sociales. Dans ce contexte, l'interaction entre l'IA et l'art joue un rôle essentiel dans la redéfinition des valeurs sociétales.

L'IA transforme également les perceptions culturelles et esthétiques. Si l'information esthétique humaine a toujours été intégrée aux cadres sociétaux, l'interaction entre l'IA et l'art favorise une meilleure compréhension de l'esthétique. L'IA créative, qui traite des données issues de cultures diverses, est capable de générer des œuvres d'art qui traduisent un langage traditionnel, rapprochant ainsi les sociétés en fusionnant les valeurs esthétiques au-delà des barrières.

Les œuvres d'art générées par l'IA dépassent les limites des documents artistiques traditionnels et offrent de nouvelles valeurs et normes esthétiques. Ces initiatives artistiques contribuent à créer un mode de communication qui transcende les classes sociales, les frontières géographiques et les limites culturelles. Ainsi, l'IA n'est pas seulement un outil pour les artistes individuels, mais un moyen d'améliorer les échanges culturels et de renforcer les interactions interculturelles.

L'interaction entre l'IA et l'art transforme non seulement l'évolution de la production créative, mais aussi la nature sociétale de l'œuvre d'art. L'art a toujours été un outil de transmission de la mémoire et des valeurs culturelles. Cependant, avec la participation active de l'IA à l'émergence créative, cette nature sociétale est en pleine mutation. L'art créé par l'IA apporte de nouvelles significations et soulève de nouvelles questions. Désormais, l'art ne se contente plus de refléter les émotions et les sentiments humains, mais met également en valeur la capacité créative de l'intelligence artificielle.

Nombreux sont ceux qui pourraient considérer la fusion de l'IA et de l'art comme une menace pour l'originalité et la créativité humaines. Pourtant, si l'IA participe au processus d'innovation en tant que collaboratrice, elle peut élargir l'expression humaine à de nouveaux horizons. L'art, en fusionnant avec l'IA, deviendra un lieu propice à l'émergence de nouvelles dynamiques sociétales et de collaborations innovantes.

En résumé, le rôle de l'IA dans l'art et la société est un domaine multidimensionnel en constante évolution. L'IA ne se contente pas de remodeler le sens, la nature et les valeurs esthétiques des œuvres d'art, elle transforme également la perception que la société a de l'art et du système créatif. Cette transformation marque une évolution sociétale plus large et constitue un indicateur clé de la compréhension plus approfondie du rôle de l'IA dans la société.

7.2. L'esthétique et la perception de la beauté par l'IA

L'intégration de l'intelligence artificielle (IA) dans le secteur de l'art a donné un élan nouveau et transformateur à une façon d'appréhender la beauté et l'esthétique. Traditionnellement, la beauté dans l'art était définie par la sensibilité humaine, façonnée par l'utilisation de cadres culturels, historiques et philosophiques. Cependant, l'IA introduit une approche différente, alliant données, algorithmes et analyse des outils à la création artistique. Cette évolution engendre non seulement une redéfinition de ce qui est considéré comme beau, mais aussi une réflexion plus large sur la nature même de l'esthétique.

L'un des aspects les plus intéressants de l'influence de l'IA sur la beauté réside dans sa capacité à dépasser la subjectivité humaine. Grâce à l'utilisation d'algorithmes et à l'apprentissage profond, l'IA peut analyser de grandes quantités de données issues d'un large éventail de formes d'art, de cultures et d'époques. Ce faisant, elle crée un nouvel ensemble de critères esthétiques qui ne sont pas toujours déterminés par les barrières émotionnelles ou culturelles des créateurs humains. Cette esthétique générée par les machines n'est pas limitée par les préjugés personnels, les traditions culturelles ou les réactions émotionnelles, ce qui peut être perçu comme une force et une mission dans le monde de l' art.

La méthode de l'IA pour créer de la beauté s'appuie souvent sur des schémas intentionnels issus d'outils de données complexes. Par exemple, l'IA peut analyser les éléments visuels d'œuvres d'art célèbres — notamment les palettes de couleurs, les proportions et la symétrie — et utiliser ces styles pour créer de nouvelles œuvres. Il en résulte des œuvres perçues sous un angle totalement unique, prenant en compte les composantes mathématiques, géométriques et algorithmiques de la beauté, au détriment de l'émotionnel ou de l'expérientiel. Par conséquent, la conception de la beauté de l'IA est probablement plus familière, débarrassée du bagage culturel et émotionnel que la beauté créée par l'homme intègre souvent.

À mesure que l'IA évolue, sa sensibilité esthétique devient plus sophistiquée. Les algorithmes peuvent désormais générer des œuvres imitant le style d'artistes renommés ou créer des formes d'expression visuelle inédites. Cette capacité à reproduire ou à innover de cette manière soulève des questions cruciales sur l'authenticité de la beauté. Lorsqu'un appareil crée une œuvre esthétiquement attrayante, suscite-t-il la même réaction émotionnelle qu'une œuvre créée par l'homme ? Une image de synthèse peut-elle susciter le même sentiment d'émerveillement, d'émerveillement ou de connexion qu'une œuvre d'art traditionnelle ?

La solution réside dans la façon dont les êtres humains perçoivent la splendeur créée par l'IA. Si certains arguent que la beauté générée par un appareil n'a pas la profondeur de l'émotion humaine, d'autres suggèrent qu'elle ouvre de nouvelles perspectives d'exploration raffinée. L'IA, par sa capacité à générer des combinaisons inattendues, peut produire de la beauté d'une manière qui défie les traditions humaines, remet en question les perceptions traditionnelles de la beauté et inaugure de nouvelles histoires visuelles qui n'auraient peut-être pas émergé de la créativité humaine seule.

Dans de nombreux cas, les œuvres générées par l'IA ne sont pas conçues pour reproduire l'émotion humaine, mais pour surprendre et susciter de nouvelles formes d'appréciation visuelle. Ces créations suscitent régulièrement l'intérêt, offrant des interprétations claires de la splendeur qui bousculent les notions préconçues de l'observateur. Ainsi, l'IA présente une sensibilité esthétique évolutive qui brouille les frontières entre création humaine et création instrumentale, incitant à reconsidérer la place de la beauté dans l'art.

L'impact de l'IA sur la beauté ne se limite pas aux œuvres individuelles. Elle transforme les conceptions culturelles et sociales de la beauté à une échelle plus large. Dans l'art traditionnel, la beauté est souvent culturellement précise, reflétant les valeurs, les croyances et les besoins de sociétés ou d'époques spécifiques. Cependant, la capacité de l'IA à analyser les données créatives mondiales permet de créer des exigences de beauté célèbres qui transcendent les barrières culturelles spécifiques. L'art généré par l'IA peut également mettre en lumière des caractéristiques esthétiquement attrayantes dans de multiples cultures, offrant ainsi une approche plus globale de la beauté.

Cette conception courante de la beauté peut être valorisante et offrir de nouvelles perspectives d'appréciation culturelle. Elle ouvre la voie à une compréhension plus inclusive et diversifiée de la beauté, qui ne dépend pas des possibilités esthétiques des industries culturelles dominantes, mais englobe plutôt un éventail plus large de modèles, de structures et de documents. Grâce à l'IA, la beauté devient plus fluide, adaptable et ouverte à l'interprétation, favorisant ainsi une démocratisation de l'expression créative.

Cependant, cette démocratisation soulève également des problèmes liés à la perte de valeurs esthétiques communautaires ou conventionnelles. À mesure que l'art généré par l'IA se généralise, les expressions de beauté locales risquent d'être marginalisées ou éclipsées par des exigences systémiques plus mondialisées. La mission consiste donc à concilier le potentiel esthétique naturel de l'IA avec la protection des différentes identités culturelles.

La relation entre l'IA et la beauté soulève également d'importantes questions morales. La place de l'IA dans l'art et l'esthétique suscite des inquiétudes quant à la paternité, la créativité et l'originalité. Si un outil crée une chose considérée comme magnifique, à qui appartiennent les droits sur cette création ? Est-ce le développeur de l'IA, la personne qui saisit les données ou l'IA elle-même ? Ces questions de paternité et de propriété sont essentielles, car elles remettent en question les notions traditionnelles de propriété intellectuelle et d'apport créatif.

De plus, la manière dont l'IA crée la beauté soulève également des problèmes de biais. Les algorithmes d'IA sont formés sur de vastes ensembles de données qui peuvent intégrer des préjugés culturels ou raciaux, influençant ainsi les résultats esthétiques. Par exemple, un expert en IA de l'art occidental sera plus susceptible de produire des œuvres conformes aux normes occidentales de beauté, perpétuant ainsi des normes culturelles restrictives. Il est essentiel de s'attaquer à ces biais dans les systèmes d'IA pour garantir que l'art généré par l'IA reste diversifié, inclusif et représentatif des normes de beauté mondiales.

L'engagement de l'IA envers la beauté et l'esthétique ouvre de nouvelles perspectives dans le monde de l'art. Si elle remet en question les notions traditionnelles de beauté et de création, elle ouvre également de nouvelles perspectives d'exploration et d'innovation. À mesure que l'IA évolue, ses contributions à la perception de la beauté seront probablement encore plus reconnues, transformant profondément le paysage créatif. Que la beauté de l'IA soit universellement reconnue ou qu'elle demeure un domaine controversé, une question demeure: elle redéfinit l'essence même de l'art et de l'esthétique dans le monde contemporain.

7.3. La dimension technologique de l'art

L'art a toujours été étroitement lié aux équipements et aux technologies à la disposition des créateurs. Mais avec l'apparition de technologies de pointe, cette relation s'est approfondie et développée grâce à des techniques de pointe. La dimension technologique de l'œuvre d'art ne se limite pas aux outils utilisés par les artistes, mais englobe également les formes modernes d'expression, de création et d'interaction qu'elle permet. Aujourd'hui, l'intelligence artificielle, la réalité virtuelle (RV), la réalité augmentée (RA), l'impression 3D et d'autres technologies influencent profondément la manière dont l'art est produit, consommé et perçu, façonnant l'avenir des pratiques créatives dans toutes les disciplines.

Historiquement, les artistes ont eu recours à la technologie, comme la découverte du pinceau ou le développement de la photographie, pour repousser les limites de l'expression créative. Aujourd'hui, la technologie offre aux artistes une gamme d'outils de pointe, dont certains étaient inconcevables il y a quelques années seulement. L'IA, par exemple, permet aux artistes de créer des œuvres alliant créativité humaine et connaissances informatiques acquises par les algorithmes, ouvrant ainsi de nouvelles perspectives de production créative.

Les algorithmes alimentés par l'IA peuvent désormais générer des œuvres d'art visuelles complexes, produire des compositions musicales, voire écrire de la poésie ou des récits, autant d'activités qui bousculent les notions traditionnelles de ce qui constitue un artiste. L'utilisation de l'IA dans l'introduction à l'art soulève des questions cruciales sur le rôle de l'intervention humaine dans l'approche progressive. Lorsqu'une machine participe à la création d'une œuvre d'art, diminue-t-elle la valeur de l'œuvre ou élargit-elle clairement son potentiel d'exploration imaginative ?

Dans la peinture visuelle, les appareils et logiciels virtuels ont donné un essor à de nouveaux médiums, notamment la peinture virtuelle et la modélisation 3D. Ces technologies permettent aux artistes de créer des œuvres qui n'étaient autrefois réalisables que dans leur imagination. Grâce à la possibilité de manipuler les pixels, les couleurs et les formes avec précision, les outils numériques offrent des possibilités infinies d'expression créative. Le développement rapide de la réalité virtuelle et de la réalité augmentée a encore révolutionné le paysage, permettant aux artistes de créer des environnements immersifs qui engagent les visiteurs de manières inédites et multidimensionnelles.

L'une des avancées technologiques les plus intéressantes dans le domaine de l'art réside dans l'évolution vers des analyses d'œuvres interactives et immersives. Les documents artistiques traditionnels, notamment la peinture et la sculpture, sont généralement des analyses passives, où le spectateur interagit avec l'œuvre en la regardant. Cependant, l'avènement de la réalité virtuelle et de la réalité augmentée permet une participation active à l'œuvre, transformant le spectateur d'observateur passif en acteur actif.

L'art en réalité virtuelle, par exemple, permet aux spectateurs de pénétrer dans un environnement numérique et d'interagir avec l'œuvre en temps réel. Les artistes peuvent créer des univers entiers, où les actions du spectateur influencent l'expérience, brouillant les frontières entre l'auteur et l'observateur. Cela crée un tout nouveau domaine d'expression imaginative, où l'œuvre de l'artiste n'existe plus comme un objet statique, mais comme une expérience dynamique et évolutive, façonnée par l'engagement du spectateur.

La réalité augmentée (RA) superpose du contenu numérique au monde physique, créant ainsi des formes d'art hybrides alliant le tangible à l'immatériel. Grâce à la RA, les créations artistiques peuvent être réalisées de manière plus personnalisée et contextuelle, car l'emplacement ou l'environnement du spectateur détermine la perception de l'œuvre. Cette intersection des espaces physiques et numériques favorise une interaction plus fluide et flexible avec l'art, permettant aux créateurs de créer des recherches qui touchent les visiteurs à plusieurs niveaux sensoriels.

L'impact de l'IA sur la dimension technologique de l'art va bien au-delà des outils utilisés pour la création. Les systèmes d'IA sont de plus en plus capables de générer des œuvres d'art grâce à l'analyse de grandes quantités de données. Ces structures s'appuient sur des ensembles de données volumineux, tels que des œuvres d'art anciennes, des contextes culturels et des concepts esthétiques. En étudiant les styles et les structures dans ces statistiques, l'IA peut générer de nouvelles créations créatives qui repoussent les limites de l'art traditionnel.

L'art piloté par l'IA remet en question les notions conventionnelles de paternité, de créativité et d'originalité. Si un dispositif d'IA génère une peinture ou un morceau de musique, qui en est l'auteur ? Est-ce le dispositif, le programmeur qui a développé l'ensemble des règles, ou les données à partir desquelles l'appareil a déterminé ses créations ? Ces questions complexifient les données sur l'étendue technologique de l'art, suscitant d'importantes discussions sur l'homme ou la femme de la créativité et le rôle de la génération dans les stratégies révolutionnaires.

Les peintures basées sur les données, facilitées par l'IA et les algorithmes d'apprentissage automatique, permettent également aux artistes de découvrir de nouvelles façons de visualiser et d'interpréter les données. La visualisation de données est devenue une forme d'art à part entière, transformant des ensembles de données complexes en œuvres esthétiquement convaincantes qui expriment des styles, des relations et des tendances complexes. Ces visualisations ont non seulement une fonction informative, mais engagent également le spectateur de manière originale et créative, offrant de nouvelles perspectives sur l'espace qui nous entoure.

À mesure que la technologie progresse, l'importance de l'art ne fera que croître. L'essor de l'IA, de l'apprentissage automatique et des technologies immersives comme la réalité virtuelle et la réalité augmentée indique que l'avenir de l'art sera de plus en plus collaboratif, les machines devenant nos partenaires. Ce partenariat pourrait également donner naissance à de nouvelles formes d'art encore mal comprises, alliant l'intuition et l'expression émotionnelle humaines à la précision et à la puissance analytique des machines.

De plus, l'intégration croissante des mondes numérique et physique, grâce à des technologies comme l'impression 3D, offrira aux artistes un contrôle remarquable sur la matérialité de leurs œuvres. L'impression 3D permet aux artistes de créer des sculptures et des objets tangibles à partir de designs numériques, facilitant ainsi une transition fluide entre les aires géographiques numériques et physiques. Cette génération ouvre de nouvelles possibilités de création de documents complexes, impossibles à réaliser avec les techniques traditionnelles.

Le rôle de l'ère dans l'art peut même continuer à soulever des questions morales et philosophiques cruciales. À mesure que l'IA et d'autres technologies deviennent de plus en plus capables de générer des œuvres de manière autonome, les questions de paternité, d'originalité et d'authenticité devront être abordées. De plus, l'utilisation de l'ère dans l'introduction à l'art pourrait également susciter des débats sociétaux plus larges sur la place de la créativité humaine dans un monde de plus en plus stimulé par les machines.

La peinture est une discipline en pleine évolution qui témoigne de la convergence continue entre l'ère du temps et la créativité humaine. L'IA, la réalité virtuelle, la réalité augmentée, l'impression 3D et d'autres technologies émergentes transforment la manière dont la peinture est créée, réalisée et comprise. Ces avancées offrent de nouvelles perspectives intéressantes d'expression créative, de collaboration et d'interaction, tout en remettant en question les notions traditionnelles de créativité, de paternité et de valeur esthétique.

À mesure que les temps évoluent, la relation entre l'œuvre d'art et le temps devient de plus en plus complexe et inextricable. Les artistes continueront de repousser les limites du possible grâce aux nouvelles technologies, créant des œuvres qui évoquent les possibilités du futur. L'ampleur technologique de l'art n'est pas seulement un reflet du monde moderne, mais une fenêtre ouverte sur l'avenir de l'expression créative, où les frontières entre l'humain et le système, entre le créateur et l'observateur, sont en perpétuel mouvement.

CHAPITRE 8

L'IA et l'avenir de la créativité

8.1. Nouvelles frontières de la créativité

L'avènement de l'intelligence artificielle (IA) élargit la définition même de la créativité, ouvrant de nouvelles aires géographiques d'expression créative et d'innovation. Dans un monde autrefois dominé par l'imagination et les efforts humains, l'IA est désormais prête à adapter non seulement les outils mis à la disposition des créateurs, mais aussi les processus fondamentaux qui sous-tendent l'acte de création lui-même. De l'art à la musique, en passant par la littérature et la création, l'IA offre de formidables possibilités d'exploration et repousse les limites du possible.

Historiquement, la créativité a été perçue comme une caractéristique plutôt humaine, liée à nos capacités cognitives, à nos émotions et à nos perceptions. Cependant, l'intégration de l'IA dans les stratégies innovantes transforme cette mentalité, permettant aux machines de participer à la création de pensées, de compositions et de designs. En traitant d'énormes quantités de données et en les apprenant, l'IA est capable de générer du contenu inédit qui, non seulement imite la créativité humaine, mais produit souvent des résultats qui répondent aux normes traditionnelles de créativité et de progrès.

Cette évolution donne naissance à de nouvelles industries et stratégies créatives, facilitant la collaboration entre l'ingéniosité humaine et l'apprentissage automatique. Plutôt que de convertir les artistes ou les créateurs, l'IA agit comme un compagnon, enrichissant l'innovation en apportant de nouvelles perspectives, en automatisant les tâches et en dépassant les contraintes des pratiques progressistes conventionnelles. Découvrons comment ces développements façonnent l'avenir de la créativité.

L'une des manifestations les plus évidentes et marquantes du rôle de l'IA dans la créativité est son utilisation dans la production d'œuvres d'art visuelles. Les algorithmes d'IA, notamment l'acquisition de connaissances approfondies sur les réseaux, dont les réseaux hostiles génératifs (GAN), ont révolutionné la production d'œuvres d'art numériques. Ces systèmes analysent de vastes bases de données d'œuvres existantes, leur permettant de générer des images inédites à partir de motifs observés. Les artistes utilisent désormais l'IA comme outil pour explorer de nouvelles possibilités, produisant régulièrement des œuvres précises ou surréalistes qui remettent en question notre perception de la beauté et de la forme.

La production d'œuvres d'art pilotée par l'IA ne se limite pas à la création d'œuvres visuelles statiques. Grâce au développement de la génération interactive, l'IA peut désormais créer des œuvres dynamiques et réactives, évoluant en temps réel en fonction des interactions de l'utilisateur. Par exemple, l'IA peut générer des œuvres d'art en direct qui réagissent aux mouvements, aux sons ou aux gestes du spectateur, offrant ainsi une expérience artistique plus immersive et personnalisée.

Cette interaction entre l'humain et l'appareil a donné naissance à une explosion d'œuvres d'art médiatique modernes, alliant technologie et créativité dans des processus innovants, donnant naissance à des galeries d'art numérique, des installations et des expositions numériques.

Au-delà des arts visuels, le rôle de l'IA est également exploré dans le domaine de la composition musicale. Des structures d'IA capables de traiter d'immenses bibliothèques de données musicales sont clairement utilisées pour créer des compositions authentiques dans de nombreux genres. Ces compositions, souvent impossibles à distinguer de la musique créée par l'homme, remettent en question la confiance de l'artiste, seul créateur d'une œuvre. L'implication de l'IA dans la création musicale a même donné un essor à de nouveaux genres, les compositions pilotées par l'IA générant des mélodies, des harmonies et des rythmes qui n'auraient peut-être pas été imaginés par les musiciens traditionnels. Cette expansion dans les arts sonores transforme non seulement la qualité de l'organisation musicale, mais aussi la définition même de la créativité musicale.

L'une des perspectives les plus prometteuses de l'IA dans le monde moderne réside peut-être dans la capacité à améliorer la collaboration entre humains et machines. Plutôt que de reléguer l'IA au rôle d'outil exécutant des commandes, les créateurs envisagent l'IA comme un partenaire collaboratif capable d'apporter des idées, de suggérer des modifications et d'offrir de nouvelles perspectives. Ce partenariat dynamique transforme le système créatif: artistes et architectes utilisent l'IA pour explorer de nouvelles opportunités, analyser des documents et s'affranchir des schémas de pensée traditionnels.

Par exemple, en littérature, l'IA est utilisée pour générer des intrigues, des arcs narratifs et même des souvenirs complets. Bien qu'une histoire générée par un appareil puisse sembler dépourvue de l'intensité émotionnelle ou de la compréhension nuancée de l'expérience humaine, la collaboration entre l'IA et les auteurs humains ouvre des perspectives narratives fascinantes. Les auteurs peuvent utiliser l'IA pour faciliter le brainstorming, proposer des suggestions pour le développement de l'histoire ou même proposer une approche innovante sur des thèmes familiers. Cette forme de collaboration permet aux créateurs humains de s'attacher à affiner leurs idées et à y apporter leur touche personnelle, tout en laissant à l'appareil le soin de concevoir des concepts.

Dans le monde du design, l'IA fait également des vagues en contribuant au développement de produits, de modèles de mode et de structures architecturales modernes. Les algorithmes d'IA sont utilisés pour représenter de nouvelles combinaisons de matériaux, de couleurs et de formes, qui peuvent ensuite être peaufinées par les designers. Ces designs générés par l'IA présentent souvent une esthétique inattendue et non conventionnelle, capable de repousser les limites de la modernité de manières inimaginables pour un designer humain. Ce processus collaboratif entre intuition humaine et apprentissage automatique donne naissance à une nouvelle génération de design, où la fusion de la créativité et de la technologie donne naissance à des innovations révolutionnaires.

L'impact de l'IA sur la créativité ne se limite pas aux artistes, designers et musiciens; elle a également le pouvoir de démocratiser le système numérique. Grâce à l'essor des outils d'IA conviviaux, des personnes sans formation formelle en art, musique ou design peuvent désormais se lancer dans des activités créatives autrefois réservées à des professionnels hautement qualifiés. Les systèmes d'IA simplifient la création artistique, musicale ou littéraire pour tous grâce à des interfaces intuitives, des suggestions automatiques et des algorithmes d'apprentissage qui guident les utilisateurs dans cette démarche innovante.

Cette démocratisation de la créativité est susceptible de transformer profondément le paysage culturel, favorisant l'émergence d'un plus large éventail de voix et de perspectives. Les créateurs n'ont plus besoin d'accéder à des appareils coûteux ni à des technologies de pointe pour produire des œuvres innovantes exceptionnelles. Grâce à l'IA, les appareils innovants deviendront accessibles à tous, quel que soit leur ordinateur ou leur smartphone, permettant une production créative plus inclusive et diversifiée. Cette évolution aura probablement de vastes implications culturelles et sociétales, car davantage d'êtres humains seront en mesure de contribuer à la communication mondiale grâce à leurs propres créations.

L'intégration de l'IA dans des domaines innovants transforme également les industries créatives au sens large. Dans des secteurs comme le cinéma, la télévision, le marketing et les jeux vidéo, l'IA devient un outil puissant pour la création et la production de contenu. Dans le cinéma, l'IA est utilisée pour générer des résultats visuels, créer des animations réalistes, voire contribuer à l'écriture de scénarios et à la production de dialogues. Les outils basés sur l'IA sont également utilisés dans le développement de jeux vidéo, où ils permettent de créer des scénarios dynamiques, des personnages réalistes et des environnements de jeu réactifs qui s'adaptent aux mouvements des joueurs.

Dans le domaine de la publicité et de la communication, l'IA révolutionne la manière dont les marketeurs créent du contenu. En analysant le comportement et les préférences des clients, l'IA peut générer des campagnes marketing et publicitaires extrêmement personnalisées, qui trouvent un écho auprès des consommateurs cibles. Ces publicités générées par l'IA peuvent être adaptées en temps réel, garantissant ainsi un contenu toujours pertinent et attractif. À mesure que l'IA s'adapte, son rôle dans le développement des industries créatives gagnera en importance, car elle permet la production de contenus plus attrayants, actuels et personnalisés.

À mesure que l'ère de l'IA évolue, l'avenir de la créativité est de plus en plus façonné par la collaboration entre humains et machines. Les limites entre créativité humaine et artificielle s'estomperont, ouvrant la voie à de nouvelles expressions artistiques et à de nouveaux espaces culturels auxquels nous pourrons enfin nous fier. Le potentiel de recherche, d'adaptation et d'innovation de l'IA transforme la nature même de la créativité, offrant aux créateurs de nouvelles façons de découvrir, d'expérimenter et de s'exprimer.

Dans les années à venir, l'IA pourrait devenir un élément de plus en plus important de la démarche créative, élargissant encore les possibilités de production créative. À mesure que de plus en plus de créateurs intégreront l'IA comme collaborateur, le paysage créatif continuera de s'adapter, favorisant ainsi de nouveaux genres, de nouveaux travaux artistiques et de nouveaux modes d'expression. L'avenir de la créativité ne se définira plus seulement par le travail des artistes individuels, mais par l'interaction dynamique entre l'imagination humaine et l'intelligence artificielle. Cette synergie est capable d'ouvrir de nouvelles perspectives d'exploration créative et de redéfinir la notion de créativité au XXIe siècle.

8.2. L'évolution des industries créatives

Les industries révolutionnaires, englobant des domaines tels que l'art, le design, le divertissement, la chanson, la mode, la littérature et le cinéma, ont connu de profonds changements ces dernières années. Cette évolution s'explique par de nombreux facteurs, allant des avancées technologiques à l'évolution des attentes culturelles. À mesure que nous avançons dans le XXIe siècle, l'intégration de l'intelligence artificielle (IA) devient un facteur de plus en plus essentiel dans l'évolution de ces industries. L'IA transforme le paysage créatif, transformant la manière dont le contenu est produit, diffusé et utilisé, et remettant en question les notions traditionnelles de paternité et de créativité.

Historiquement, les industries révolutionnaires reposaient largement sur les compétences, les aptitudes et le savoir-faire humains. Artistes, musiciens, cinéastes et designers étaient à l'avant-garde de la création, s'appuyant régulièrement sur leur intuition, leur expérience et leur profonde compréhension de leur art. L'essor des médias de masse, d'Internet et des technologies numériques a ouvert de nouvelles perspectives, démocratisant l'accès à la créativité et aux outils de production. Les industries modernes ont connu une croissance rapide grâce à la prolifération des contenus virtuels, mais l'IA est désormais prête à amplifier ces changements de manière similaire, créant de nouvelles possibilités et des défis pour les créateurs comme pour les consommateurs.

L'un des changements majeurs dans l'évolution des industries créatives est la montée en puissance de l'IA comme partenaire créatif. Plutôt que d'être un simple outil d'automatisation des tâches routinières ou d'optimisation des flux de travail, l'IA participe désormais activement au système moderne lui-même. En analysant d'énormes quantités de données et en les apprenant, les algorithmes d'IA peuvent générer des contenus musicaux, artistiques, littéraires ou même vidéo qui rivalisent avec les créations humaines. À certains moments, les œuvres générées par l'IA deviennent indiscernables de celles produites par des créateurs humains, ce qui soulève d'importantes questions sur la nature de la créativité, de l'originalité et de la paternité.

Par exemple, dans le monde des arts visuels, des systèmes d'IA comme les réseaux hostiles génératifs (GAN) sont capables de produire des images qui repoussent les limites du travail artistique traditionnel. Ces algorithmes analysent de nombreuses œuvres pour comprendre les styles, les modèles et les techniques, ce qui leur permet de générer des créations artistiques spécifiques qui s'inspirent souvent d'esthétiques traditionnelles. De même, l'IA a été utilisée dans la production musicale, où les algorithmes étudient les styles et les modèles musicaux pour composer des morceaux originaux ou aider les musiciens à créer de nouvelles mélodies. Le rôle collaboratif de l'IA révolutionne la manière dont les œuvres d'art créatives sont abordées et produites, permettant aux artistes et aux créateurs d'explorer de nouvelles sphères d'opportunités autrefois improbables.

Le rôle croissant de l'IA dans la créativité ne se limite pas aux arts visuels ou à la musique; elle transforme également d'autres secteurs des industries de pointe, notamment l'écriture, le cinéma et les jeux vidéo. En littérature, l'IA est utilisée pour générer des concepts d'histoire, des attitudes humaines, voire des romans. En traitant de grandes quantités de données textuelles, l'IA peut imiter les styles d'écriture et créer des récits en résonance avec les émotions et les expériences humaines. Au cinéma, l'IA est utilisée pour aider à l'écriture de scénarios, à la création d'effets visuels, voire à la réalisation, car les algorithmes analysent les données cinématographiques récentes pour générer des récits et des images captivants. Dans les jeux vidéo, les systèmes d'IA sont utilisés pour créer des environnements et des personnages dynamiques et réactifs, offrant aux joueurs une expérience plus immersive et personnalisée.

L'impact de l'IA va au-delà de l'approche innovante elle-même; il transforme également la manière dont les contenus modernes sont diffusés et utilisés. Les modèles de distribution traditionnels des industries modernes dépendaient souvent de régulateurs tels que les maisons de disques, les studios de cinéma et les maisons d'édition. Cependant, l'essor des plateformes numériques, des services de streaming et des réseaux sociaux a démocratisé la distribution de contenus, permettant aux créateurs de toucher rapidement un public international.

L'IA joue un rôle essentiel dans cette évolution, en optimisant les suggestions de contenu et en personnalisant les rapports clients. Des plateformes comme Spotify, Netflix et YouTube exploitent des algorithmes d'IA sophistiqués pour analyser le comportement et les choix des utilisateurs, recommandant ainsi du contenu adapté à leurs goûts. Cela a entraîné une explosion de contenu accessible aux utilisateurs, ainsi qu'une évolution de la façon dont les créateurs abordent leur travail. Les structures pilotées par l'IA offrant une plus grande visibilité aux créateurs de niche, les systèmes hiérarchiques traditionnels des industries créatives sont démantelés, permettant ainsi l'émergence de voix plus diversifiées.

De plus, l'IA permet de créer de nouveaux types de contenus, autrefois inconcevables. Par exemple, les musiques et les œuvres générées par l'IA peuvent être partagées et diffusées rapidement sur les plateformes en ligne, offrant aux créateurs un accès immédiat à un marché cible mondial. À mesure que les œuvres générées par l'IA se généralisent, il est probable que la frontière entre les contenus créés par l'homme et ceux créés par les appareils continuera de s'estomper, favorisant ainsi de nouvelles formes d'expression et de collaboration créatives.

L'un des effets les plus marquants de l'IA sur les industries innovantes est la démocratisation de la créativité. Par le passé, l'accès aux outils et aux installations de production modernes était souvent réservé aux personnes disposant de ressources importantes ou d'une formation formelle. Cependant, avec l'essor des outils basés sur l'IA, toute personne disposant d'un ordinateur ou d'un smartphone peut désormais participer à des projets innovants, de la composition musicale à la conception d'œuvres d'art virtuelles en passant par la rédaction de mémoires.

L'IA a rendu la créativité plus accessible grâce à des systèmes intuitifs simplifiant les processus créatifs complexes. Par exemple, les outils de mise en page basés sur l'IA permettent aux non-professionnels de créer des images et des illustrations de qualité professionnelle, tandis que les logiciels de production musicale pilotés par l'IA permettent aux personnes sans formation formelle d'écrire des textes originaux. En écriture, les outils d'IA peuvent aider les auteurs à formuler des intrigues, à suggérer des améliorations ou même à rédiger des chapitres entiers. Ces améliorations uniformisent les règles du jeu, permettant à des personnes de tous horizons et de tous niveaux de participer à la création.

Cette démocratisation de la créativité pourrait modifier considérablement la dynamique des industries créatives. À mesure que davantage d'humains seront habilités à créer et à partager leurs œuvres, les hiérarchies traditionnelles de l'organisation pourraient également commencer à s'effondrer. Cela pourrait favoriser une plus grande diversité de voix et de points de vue progressistes, favorisant ainsi un paysage culturel plus inclusif. De plus, l'essor de la créativité pilotée par l'IA pourrait également déplacer l'attention du « génie » vers un modèle plus collaboratif et décentralisé, où les machines et ces derniers travailleraient ensemble pour créer des œuvres innovantes.

Les implications de la créativité induite par l'IA sur l'avenir du travail sont également considérables. À mesure que les technologies d'IA se perfectionnent, les rôles traditionnels dans les industries créatives peuvent être redéfinis ou modifiés. Par exemple, l'IA doit s'intéresser aux rôles liés à la création de contenu, comme la création musicale, l'écriture ou la conception graphique. Cependant, face à l'évolution des employés, l'IA est plus susceptible d'améliorer leurs compétences, leur permettant de se concentrer sur des choix et des approches innovants de haut niveau. Cette évolution devrait entraîner la création de nouveaux emplois dans des domaines tels que la gestion de contenu IA, l'acquisition de connaissances en ingénierie pour les logiciels créatifs et la gestion de projets assistée par l'IA.

Si l'IA offre des possibilités prometteuses aux industries modernes, elle pose également de nombreuses problématiques. L'une des préoccupations les plus urgentes est la question du droit d'auteur et de la paternité. À mesure que les œuvres générées par l'IA gagnent en popularité, des questions se posent quant à la propriété des droits sur ces créations. S'agit-il de l'appareil qui a généré l'œuvre, du programmeur qui a conçu les règles ou de l'artiste qui a collaboré avec l'IA ? Ces questions juridiques et éthiques devront être abordées à mesure que l'IA continue de jouer un rôle croissant dans la création.

Un autre défi réside dans la capacité de l'IA à exacerber les inégalités actuelles dans les secteurs les plus innovants. Si l'IA peut démocratiser l'accès aux outils créatifs, elle peut aussi s'appuyer sur les grandes entreprises technologiques qui contrôlent les structures et les algorithmes d'IA. Si ces systèmes dominent les systèmes de distribution et de conseil en contenu, les petits créateurs pourraient également avoir du mal à gagner en visibilité ou à réussir dans le secteur. Pour que l'IA serve les intérêts de tous les créateurs, des efforts continus devront être déployés pour favoriser la diversité et l'inclusion dans les stratégies innovantes basées sur l'IA.

Malgré ce contexte stressant, l'avenir des industries révolutionnaires est indéniablement prometteur. L'IA a le potentiel de révolutionner notre façon de créer, de manger et d'interagir avec la peinture, la musique, la littérature et le divertissement. À mesure que l'IA s'adaptera, les limites de la créativité se repousseront, offrant de nouvelles opportunités de collaboration, d'innovation et d'expression créative. Les industries créatives entrent dans une nouvelle technologie, où humains et machines travaillent ensemble pour repousser les limites de la créativité et apporter de nouvelles visions innovantes aux modes de vie.

8.3. L'IA et l'avenir de l'art: des chemins convergents

L'intersection entre l'intelligence artificielle (IA) et l'art est l'une des évolutions les plus captivantes et transformatrices du XXIe siècle. En poursuivant son évolution, l'IA ne se contente plus de remettre en question les notions traditionnelles de créativité, mais ouvre également des perspectives remarquables pour les formes contemporaines d'expression créative. L'avenir de l'art, porté par l'utilisation de l'IA, se dessine, avec la capacité de redéfinir la création, la pratique et la compréhension de l'art. Cette convergence entre technologie et créativité marque un tournant où l'ingéniosité humaine et l'intelligence artificielle fusionnent pour créer des œuvres d'art innovantes, collaboratives et en constante évolution.

L'IA est déjà devenue un outil essentiel pour les artistes de nombreuses disciplines, des arts visuels et de la chanson à la littérature et au spectacle vivant. Les algorithmes d'apprentissage automatique, les réseaux neuronaux profonds et les modèles génératifs ont permis aux artistes d'explorer de nouvelles perspectives innovantes, souvent en collaboration avec des machines qui agissent comme des partenaires dans le domaine de la simple machine. Les algorithmes d'IA peuvent générer des œuvres d'art, composer des chansons, écrire de la poésie ou même concevoir des installations interactives, repoussant ainsi les limites de ce qui est considéré comme une œuvre d'art.

Cependant, l'intégration de l'IA dans la démarche créative ne se limite pas à la simple production de contenu. Son implication transforme la manière même dont les œuvres d'art sont conceptualisées et créées. Les artistes ont désormais accès à des systèmes intelligents qui peuvent les accompagner dans la phase d'idéation, en suggérant des idées, des techniques et des compositions novatrices, difficiles à imaginer avec les méthodes traditionnelles. L'IA peut également analyser et interpréter de vastes ensembles de données, aidant ainsi les artistes à identifier les styles, les tendances et les relations cachés dans leurs œuvres, ce qui génère des perspectives éclairantes et des innovations.

Dans les arts visuels, par exemple, l'IA a joué un rôle déterminant dans l'introduction de l'art génératif, où des algorithmes produisent des créations uniques qui évoluent selon des paramètres précis. Les artistes peuvent saisir certaines règles ou certains styles, et l'IA répond par des versions et des itérations, générant souvent des œuvres surprenantes et inspirantes. Parallèlement, l'IA permet aux compositeurs d'expérimenter de nouveaux sons et systèmes, créant des morceaux qui mêlent genres, styles et influences culturelles d'une manière autrefois impossible.

L'utilisation de l'IA dans l'art remet également en question la perception de la paternité. Traditionnellement, l'artiste était considéré comme le seul auteur d'une œuvre, son identité et sa raison d'être étant cruciales pour la signification de ses œuvres. Cependant, avec l'IA comme collaborateur révolutionnaire, la frontière entre paternité humaine et paternité numérique devient floue. Qui détient les droits sur une œuvre générée par l'IA ? Qui est responsable de sa vision innovante ? Ces questions sont non seulement juridiques et morales, mais aussi philosophiques, car elles projettent notre savoir-faire en matière de créativité, d'originalité et le rôle de la génération dans la création.

Les œuvres d'art générées par l'IA ont commencé à gagner en popularité sur le marché international de l'art. Créées par des algorithmes et des machines, elles sont présentées lors de prestigieuses ventes aux enchères et exposées dans des galeries du monde entier. Par exemple, des peintures générées par l'IA ont été vendues pour des centaines de dollars, et la musique générée par l'IA est devenue un produit recherché dans l'industrie musicale. Ce phénomène a suscité des débats sur la valeur et l'authenticité des œuvres créées par l'IA. Certains estiment que l'art créé par l'IA manque de la profondeur émotionnelle et de la connexion humaine que l'on retrouve dans les créations artistiques traditionnelles, tandis que d'autres y voient une nouvelle frontière prometteuse pour l'expression créative.

L'un des aspects les plus importants de l'influence de l'IA sur le marché de l'art réside dans sa capacité à démocratiser la création et la distribution artistiques. Les artistes du monde entier, quels que soient leurs compétences techniques ou leur accès aux ressources, peuvent désormais créer des œuvres d'art de qualité grâce à l'IA. Cette démocratisation de la production artistique transforme le marché de l'art, permettant aux artistes de contourner les barrières traditionnelles que sont les galeries et les maisons de vente aux enchères, et d'atteindre instantanément un public international via les plateformes numériques. Dans cette nouvelle ère, l'IA nivelle les règles du jeu, permettant à une plus grande diversité de voix et de points de vue d'être entendus et visibles dans le monde de l'art.

L'IA permet également l'émergence d'analyses artistiques personnalisées. En analysant les choix et les interactions des personnages, elle peut créer des œuvres sur mesure, adaptées à chaque goût et chaque émotion, offrant aux visiteurs une connexion unique et intime avec les œuvres. Cette approche personnalisée de l'art révolutionne la manière dont l'art est perçu, car l'IA peut créer des analyses interactives et immersives qui répondent en temps réel aux mouvements ou aux réactions du spectateur. Par exemple, les installations interactives et les galeries numériques alimentées par l'IA permettent au public d'interagir avec l'art de manière dynamique et participative, brisant ainsi les frontières traditionnelles entre l'artiste et le public.

L'avenir de l'art ne dépend pas de la domination des humains ou des machines sur les technologies révolutionnaires, mais plutôt de leur capacité à collaborer et à créer des synergies. L'IA est un outil puissant pour renforcer la créativité humaine, offrant aux artistes de nouvelles capacités et perspectives qui complètent leurs propres aptitudes et leur instinct. La combinaison de l'imagination humaine et de la puissance de calcul de l'IA permet de créer des œuvres d'art à la fois révolutionnaires et profondément porteuses de sens.

Dans les arts visuels, par exemple, les artistes sont de plus en plus nombreux à utiliser l'IA non seulement comme un outil de création d'instantanés, mais aussi comme un compagnon de leur exploration progressive. Les artistes saisissent leurs premières idées, et l'IA en génère des versions, suggérant de nouvelles directions et possibilités. Cette interaction crée un système créatif dynamique et évolutif, dans lequel les artistes peuvent orienter les résultats de l'IA, mais où celle-ci les surprend également par des résultats surprenants. Ce modèle collaboratif favorise l'innovation, permettant aux artistes de découvrir de nouvelles opportunités esthétiques et de pousser leur travail vers des directions jusqu'alors inaccessibles.

Dans le domaine de la chanson, l'IA est déjà utilisée comme co-compositeur, aidant les musiciens à composer des mélodies, des harmonies et des rythmes. Plutôt que de changer les musiciens, l'IA améliore leur système progressif en leur fournissant de nouveaux processus pour tester le son et la structure. Par exemple, l'IA peut adopter des progressions d'accords alternatives ou générer des mélodies en contrepoint, permettant aux musiciens d'explorer de nouveaux horizons musicaux. Cette créativité collaborative ne se limite pas à un style particulier; elle couvre tous les styles, de la musique classique à la musique de danse virtuelle, du jazz à la pop, et au-delà.

L'IA transforme également le monde de la littérature, en aidant les auteurs à réfléchir, à construire des intrigues, voire à écrire des romans complets. Les auteurs peuvent saisir des esquisses d'intrigue ou de personnages, et l'IA peut générer des récits cohérents ou approuver des améliorations aux versions existantes. Plutôt que de convertir les auteurs, l'IA leur offre un outil capable de stimuler leur créativité, de peaufiner leurs œuvres et d'explorer de nouvelles perspectives narratives.

Alors que l'IA devient un acteur de plus en plus incontournable dans le monde de l'art, elle soulève d'importantes questions éthiques et philosophiques sur la nature de la créativité et de la création artistique. L'une des questions les plus urgentes est celle de la paternité. Si une IA crée une œuvre, à qui appartient-elle ? Est-ce l'artiste qui a fourni l'entrée initiale, le programmeur qui a élaboré les règles, ou l'IA elle-même ? Ce rapport aux notions traditionnelles de paternité et de propriété est aggravé par le fait que l'IA peut générer un nombre illimité de versions d'une même œuvre, ce qui complexifie encore la question de l'originalité.

Une autre difficulté éthique réside dans le potentiel de l'IA à contrôler ou à tromper le public. Les œuvres générées par l'IA peuvent être si réalistes et convaincantes qu'il peut être difficile pour les visiteurs de distinguer les œuvres créées par l'homme de celles générées par des appareils. Cela accroît les inquiétudes quant à leur authenticité et à leur authenticité, notamment dans le contexte d'œuvres d'art destinées à véhiculer des sentiments personnels, des perspectives culturelles ou des messages politiques. Si l'IA peut effectivement créer des œuvres d'art époustouflantes et conceptuellement effrayantes, son utilisation peut être exploitée à des fins bien moins nobles, notamment pour créer des œuvres manipulant les sentiments ou diffusant de fausses informations.

Malgré ces inquiétudes, l'avenir de l'IA dans l'art est indéniablement prometteur. En continuant de s'adapter, l'IA ouvrira de nouvelles perspectives d'expression créative, de collaboration et d'innovation. La fusion de la créativité humaine et de l'intelligence artificielle réinventera le rôle de l'art dans la société, offrant de nouvelles façons d'appréhender, d'apprécier et de comprendre l'art. Plutôt que de convertir les artistes humains, l'IA servira d'outil puissant pour amplifier leur créativité, contribuant ainsi à l'avènement d'un art plus diversifié, dynamique et inclusif que jamais. L'avenir de l'art est celui de la convergence des chemins de l'IA et de la créativité humaine, ouvrant la voie à une nouvelle génération d'exploration et d'expression créatives.

8.4. Redéfinir l'originalité dans un monde dominé par l'IA

Le concept d'originalité est depuis longtemps au cœur de l'introduction artistique, littéraire et intellectuelle, incarnant l'idée de produire des œuvres novatrices, précises et reflétant la perspective d'un individu. Dans un monde de plus en plus façonné par l'intelligence artificielle, les frontières et les définitions de l'originalité sont cependant remises en question et réinventées. La capacité de l'IA à générer du contenu – qu'il s'agisse d'images, de musique, de texte ou d'autres formes – à partir d'ensembles de données volumineux soulève de profondes questions sur ce que signifie créer quelque chose de véritablement original.

Au cœur de cette tâche réside la nature même de l'IA. La plupart des modèles d'IA modernes s'appuient sur d'importants corpus d'œuvres humaines récentes. En analysant les styles, les conceptions et les systèmes au sein de ces ensembles de données, les systèmes d'IA produisent des résultats qui se combinent, se remixent ou extrapolent à partir d'exemples antérieurs. Cette technique générative brouille souvent la frontière entre suggestion et imitation, rendant difficile la détermination des fins et des points de départ de l'originalité.

Traditionnellement, l'originalité est liée à la paternité, à la créativité et à l'étincelle du génie individuel. Avec l'IA, l'acte créatif devient collaboratif ou hybride: les créateurs humains proposent des activités, sélectionnent les résultats et font des choix créatifs, tandis que les machines proposent des combinaisons et des versions inédites. Cela soulève la question: l'originalité est-elle le fruit d'un objectif humain, de l'ère des appareils, ou de leur interaction ?

Une perspective émergente considère l'originalité moins comme une nouveauté absolue que comme une innovation contextuelle – la capacité à recombiner des facteurs existants selon de nouvelles méthodes qui résonnent culturellement ou émotionnellement. La capacité génératrice de l'IA élargit exponentiellement le champ des recombinaisons possibles, permettant aux créateurs d'explorer des voies jusqu'alors inimaginables. Ainsi, dans un monde dominé par l'IA, l'originalité pourrait également se concentrer sur la navigation et l'orchestration habiles des opportunités générées par les appareils, plutôt que sur la création ex nihilo.

Les cadres juridiques et éthiques relatifs à l'originalité et aux droits intellectuels sont également mis à l'épreuve. La réglementation sur le droit d'auteur, par exemple, protège historiquement la paternité humaine et l'expression tangible des idées. Lorsque l'IA produit du contenu avec une intervention humaine minimale, des questions se posent quant à la propriété, aux droits et à la responsabilité. Les décideurs politiques, les tribunaux et les industries innovantes s'interrogent sur la manière de définir et d'adapter l'originalité dans ce nouveau contexte.

De plus, les inquiétudes concernant les biais algorithmiques et l'homogénéisation culturelle compliquent la redéfinition de l'originalité. Puisque les structures d'IA reproduisent les biais et les limites de leurs statistiques éducatives, elles renforcent involontairement les récits culturels dominants ou les conventions stylistiques, étouffant potentiellement la diversité et la véritable innovation. Les créateurs et les technologues devraient donc interagir sérieusement avec les outils d'IA afin de favoriser une originalité inclusive et éthique.

Les dimensions mentales et philosophiques de l'originalité évoluent également. L'IA remet en question le côté romantique du génie solitaire en mettant l'accent sur la créativité partagée – les processus collectifs et interconnectés entre humains et machines. Ce changement de paradigme nous invite à reconsidérer la créativité comme un phénomène en réseau, où l'originalité émerge d'interactions dynamiques plutôt que d'actes isolés.

De plus, la prolifération des contenus générés par l'IA inonde le paysage culturel d'une quantité considérable d'œuvres originales, mais dérivées, incitant à une réévaluation de leur prix et de leur authenticité. Le public et les critiques devraient élargir leurs connaissances afin de discerner l'originalité significative au milieu de l'abondance, en appréciant comment la finalité, le contexte et l'engagement humain façonnent l'importance de l'innovation.

Sur le plan pédagogique, redéfinir l'originalité nécessite de former les créateurs de demain à exploiter l'IA non plus comme un substitut, mais comme un partenaire de l'innovation. Mettre l'accent sur le questionnement critique, l'utilisation éthique et la collaboration créative prépare les artistes, les auteurs et les innovateurs à prospérer dans un paysage créatif augmenté par l'IA.

monde dominé par l'IA, l'originalité est un concept complexe et multiforme en profonde transformation. Elle remet en question les notions profondément ancrées de créativité, de paternité et de coût, invitant à de nouveaux cadres intégrant l'hybridité, le contexte et la collaboration. Loin de réduire la créativité humaine, l'IA élargit ses horizons, offrant des outils qui, utilisés avec discernement, peuvent engendrer des formes inédites d'innovation créative et intellectuelle.